문을 열고 나가볼까

김영숙 지음

모악

세상은 고통으로 가득하지만,
또한 그것을 이겨내는 일로도 가득 차 있다.

헬렌 켈러

여는 글
우리에게 온 특별한 존재

처음 아이를 만났던 날을 잊을 수 없습니다. 어느 날 느닷없이 전혀 예상을 못하고 있었는데 뜬금없이 나에게 와준 우리 딸. 앞만 보고 경주마처럼 달리던 나를 멈춰 세웠습니다. 아주 특별하게 우리 곁에 자리 잡은 딸을 안았을 때 작고 여린 몸에서 전해지는 따뜻한 체온은 내 마음 깊은 곳을 울렸습니다. 앞으로의 시간이 이전과는 다를 것임을 어렴풋이 짐작은 했습니다.

막막했습니다. 어디서부터 무엇을 어떻게 시작해야 할지 몰랐습니다. 시간이 지나면서 하나둘 배웠습니다. 아이를 이해하는 법, 나 자신을 돌보는 법, 기다리는 법. 때로는 울고, 때로는 웃으며 때로는 길을 헤매기도 하고 멈춰서야 할 때도 있었습니다. 그렇게 우리는 시간의 강을 하루하루 함께 건넜습니다. 우리 딸은 조금은 다르지만 건강하게 커갔고, 나는 진심으로 엄마가 되어갔습니다.

지금도 제 딸은 남다른 세계의 경계에 서 있습니다. 다름에 대해 배척하는 분위기와 사회 규범에 자신을 맞춰야 하는 게 얼마나 고달곤 일인지 아이를 키우며 깨우칩니다. 수없이 부딪히고, 깎이고, 패여도 결국 아이와 더불어 엄마도 성장하더군요. 아이를 위해 공부하고 투쟁하며 코치로 대변인으로 선생님으로 치료사로 운전기사로 보디가드로 살아가며 배웁니다. '보통' 아이가 아니어도 괜찮아요. '다름'을 인정할 때 행복이 찾아와요. 라고 말할 수 있게 되었습니다.

이 글은 아이와 엄마가 함께 걸은 시간을 담은 기록입니다. 특별한 존재와 마주한 순간부터 그 아이 덕분에 다시 태어난 나의 이야기까지, 우리가 함께 자라온 나날에 대해 서툴지만 조용히 이야기해보려 합니다.

> 만일 내가 인생을 다시 산다면
> 다음번에는 더 많은 실수를 저지르리라
> 긴장을 풀고 몸을 부드럽게 하리라
> 이전 인생보다 더욱 우둔해지리라
> 가능한 매사를 심각하게 생각하지 않을 것이며
> 보다 많은 기회를 붙잡으리라
> 여행을 더 많이 다니고 석양을 더 자주 구경하리라
> 산에도 더욱 자주 가고 강물에서 수영도 많이 하리라
> ……내가 인생을 다시 시작한다면
> 초봄부터 신발을 벗어 던지고
> 늦가을까지 맨발로 지내리라
>
> 나딘 스테어, 「만일 내가 인생을 다시 산다면」

차례

여는 글 우리에게 온 특별한 존재 4

1부 혼돈의 탄생

세상이 궁금해서 일찍 나왔니 10
인큐베이터 안의 천사들을 본 적이 있나요 15
아니야! 아니야? 20
네가 진짜 원하는 건 뭐야 24
그렇게 가족이 되는 거죠 29
한 자리에 모인 날 34
아버지의 유산 37

2부 용기가 필요할 때

맏이는 다 그래야 돼? 42
아버지, 어디 계세요 47
영숙이, 숙제했어? 51
이게 다 엄마 때문이야 54
가면을 벗으라고 하지 마세요 57
외로움이 힘이 될까요 62
그리고 아무 일도 일어나지 않았다 66
사람들은 다 어디로 가버렸을까 72
엄마의 선지해장국 77

3부 경계에 서다

안녕! 안녕? **84**
올해는 내 생일이 없는 거야? **88**
다르다는 건 아시죠 **93**
난 특별한 게 싫다니까요 **98**
고달파서 고달인 건가 **103**
그래도 해피엔딩이면 되잖아 **107**
그렇게 부모가 되어 간다고? **112**
어쩌란 말인가 **116**
배실사람으로 살아가기 어렵지 않아요 **121**
처음 사랑 **124**

4부 날아오르는 시간

귀향살이야, 귀양살이야 **130**
나는 왜 팔짝팔짝 뛸까요 **135**
괜찮다면 괜찮아질까 **140**
파랑새가 진짜 있어요? **144**
내일 걱정은 내일 하는 건 어때 **149**
이게 사랑일까 **154**
너도 갱년기야? **159**
당신의 그늘 **161**

5부 희망을 걷다

엄마는 행복추구병 환자예요? 166
느린 토끼와 빠른 거북이는 누가 이길까 170
꿈이 꼭 있어야 되나요 175
장애등급을 받아야 된다고요? 179
문을 열고 나가볼까 184
스무 살이 될 너에게 188
저는 다은이입니다 193

닫는 글 함께 걸어가는 길 196

감사의 글 사랑합니다, 고맙습니다 198

1부
혼돈의 탄생

우리 가족

세상이 궁금해서 일찍 나왔니

끝났다.

사흘 밤과 낮의 몸부림. 세상에 나올 준비가 안 된 26주의 생명을 세상 밖으로 끄집어내기 위한 혼돈의 시간.

"딸이야…… 우리 아기…… 이제 정신이 좀 들어!"

남편의 목소리가 아득하게 들려온다. 꿈결인지 현실인지 몽롱한 건 아마도 마취가 덜 깬 탓일지 모르겠다. 눈을 떴다. 하얀 천장, 밝은 조명에 눈이 부시다. 옆에는 긴장과 피곤에 절은 까칠한 얼굴을 한 남편이 서 있다. 계절에 어울리지 않는 겨울 점퍼에 두꺼운 모직 바지를 입고 있어 둔해 보이까지 하다. 주사바늘이 꽂힌 손등이 풍선처럼 부풀어 올라 터질 듯하다. 그동안 무슨 일이 일어난 걸까? 기억을 되짚어 본다.

"상준아! 엄마, 병원 갔다 와서 떡볶이 해줄게."

봄방학을 맞은 아들의 간식 재료 준비를 마친 나는 서둘러 병원 갈 채비를 했다.

"우리 아기 잘 자라고 있겠지?"

고등학교 입학을 앞둔 아들은 헝클어진 머리와 잠옷 바람으로 컴퓨터 앞에서 듣는 둥 마는 둥 게임에 열중하고 있다. 2008년 2월의 어느 날은 이렇게 시작되었다. 전날 내린 눈으로 미끄러워진 길을 조심스레 살피며 정기검진을 위해 K대학병원으로 향했다. 나이 들어 보일까 싶어 젊게 갖춰 입은 구두와 옷이 다소 불편했다. 예약시간에 맞춰 도착하자 잠시 후 내 이름이 불렸다. 혈압을 재니 수축기 혈압은 200이 넘고 이완기 혈압도 100을 훨씬 넘는 수치가 나왔다.
"혈압이 너무 높네요. 잠시 쉰 다음에 다시 재볼게요."
분홍색 가디건을 입고 머리를 단정히 올린 간호사가 친절하게 설명한다. 아기를 가진 후 계속 혈압이 올라 약을 먹곤 했었다. 잘 유지되고 있는 줄 알았는데 높아진 혈압에 일순간 긴장이 되기 시작했다. 안정을 취한 후 다시 재어본 혈압도 낮아지지 않자 담당의사에게 불려갔다. 소변검사를 하자고 했다.
"단백뇨가 보입니다. 임신중독증이 나타나고 있어요. 당장 입원하셔야 합니다."
젊고 건장해 보이는 산부인과 남자의사 권교수가 의사 특유의 냉정함을 유지한 채 다그쳤다.
"입원이요? 아무 준비도 없이 왔는데요, 집에 가서 상의하고 올게요."
"시간이 없어요. 가는 길에 쇼크사 할 수도 있어요. 선택의 여지가 없는 문제입니다."
임신중독증에 대해 설명을 들은 나는 급히 입원 수속을 할 수밖에 없었다.

그길로 나는 분만대기실로 들어갔다. 혈압을 낮추기 위해 마그네슘이 투여되었다. 하루, 이틀, 사흘 동안 분만대기실에 누워 금식과 함께 마그네슘을 계속 맞아야 했다. 몸이 붓기 시작했고 온몸에 힘이 빠졌다. 마지막 날에는 화장실 갈 힘도 없어 소변줄을 꽂아야 했고 구토가 나기 시작했다. 조금만 움직여도 태아의 움직임이 잡히지 않아 삐삐삐 신호음이 계속 울렸다. 나중에는 그 소리가 환청처럼 귀를 때렸다. 태아의 호흡에 도움을 준다는 폐주사를 3대씩 맞아가며 다른 산모들의 산통을 들어야 하는 일도 고통의 연속이었다. '아니, 왜 이렇게 아기들을 많이 낳는 거야.' 옆방에서 들리는 아기울음 소리, 의사와 간호사들 슬리퍼 끄는 소리, 기계음 소리, 부산물 처리하는 소리 등 온갖 소리들이 뒤섞여 정신은 더 혼란스러워졌다. 보호자도 없는 방에서 일어설 수도 돌아누울 수도 없이 반듯하게만 누워 있어야 하는 상황도 나를 지치게 했다. 점점 희미해지는 의식 속에 분만이 결정되었다. 드디어 분만실로 옮겨졌다. 유도분만 끝에 제왕절개로 2월 29일 13시 30분, 760g의 상상할 수도 없는 너무나도 작은 우리 아기가 세상에 나왔다.

의식이 돌아왔다. 곁에 시어머니와 시누이가 있다. 촌로의 검붉은 낯빛이 밝은 색 옷과 대조되어 더 나이 들어 보이게 한다. 긴 생머리만 다를 뿐 크고 두툼한 오빠와 똑 닮은 시누이의 근심어린 얼굴도 눈에 들어온다.
"우리 아기, 신생아중환자실에 있어. 잘 견디고 있고 괜찮아."
"정말이야?"

믿기지가 않는다. 나를 안심시키려고 거짓말하고 있는 것일 테지, 760g의 아기가 살아 있다니. 이제 겨우 26주를 지난 아기가 살아 있다니. 믿을 수가 없다. 사흘째 되던 날 나는 회복되지 않은 몸을 이끌고 7층 입원실을 나와 병원 1층 NICU로 내려갔다.

우리 아기가 거기 있었다. 신생아 중환자실 12번 인큐베이터.

깃털 없는 아기새처럼 작고 여린 우리 아기, 바라보기에도 안타까운 우리 아기가 거기 있었다.

기도삽관을 하고 온갖 기계장치에 의지한 채 바들바들 떨며 작은 숨을 온몸으로 몰아쉬고 있었다. 나는 울음을 삼키며 아무 말도 할 수 없었다. 형언할 수 없는 감정과 놀라움이 뒤섞여 머리를 때렸다.

"우리 아기 살릴 수 있을까?"

"걱정 말고 한 번 믿어보자고."

남편이 건네는 위로의 말도 도움이 되지 않았다. 다만 회원으로 있던 시민단체 성동희망나눔 총회에 참석 못한 아쉬움과 아들의 고등학교 입학식에 가지 못하는 게 더 실망스러웠다. 엉망이 되어버린 나의 일상이 슬펐다. 병실로 올라온 나는 여전히 열이 오르고 혈압 조절이 잘 되지 않았다. 한 발짝 딛는 걸음조차 돌덩이를 안은 것처럼 무거웠다. 받아들일 수 없는 현실에 무너졌다. 먹지도 못하고 계속 울기만 했다.

몸조리를 핑계로 아이로부터 도망쳤던 나는 2주 후에나 아기를 보러갈 용기를 냈다. 그동안 우리 아기는 여전히 자기 몸보다 더 큰 인공호흡기에 의지하고 있었지만 처음 볼 때보다는 안정되어 보였다. 밤샘 근무로 지친 듯한 주치의가 대충 걸친 의사 가운을 여미며 아기 상태를 설명한다. 일단 위험한 고비는 넘겼으며 호흡도 점차 안정되어 가고 있다고 했다. 삶과 죽음의 갈림길 위에서 홀로 견뎠을 우리 아기, 그 어려움을 지켜보며 나를 안심 시켰던 남편에게 미안함이 밀려왔다.

"아가야, 세상이 궁금해서 일찍 나왔니?"

인큐베이터 안의 아기가 살짝 미소 짓는다.

인큐베이터 안의 천사들을
본 적이 있나요

"이번 주 중에는 졸업이 가능할 것 같습니다."

면담 때마다 "일희일비 마시라" "Step by Step"만을 이야기 하던 담당교수가 애타게 기다리던 소식을 전했다. 이름만 보고는 여자인줄 알았는데, 첫 면담 때 그리 크지 않은 키에 머리숱이 적어 대머리가 되기 직전인 중년의 남자교수라 적잖이 놀랐었다. 신생아집중치료실을 드나들며 보냈던 넉 달이 어떻게 흘러갔는지 모르겠다. 퇴원이란, 아픈 곳을 치료하기 위하여 병원에 입원하고 있다가 병이 나아 집으로 돌아가는 게 대부분이다. 신생아집중치료실에 입원하다가 엄마 품으로 가는 아기의 경우는 다르다. 퇴원이라고 부르지 않고 집중치료실을 '졸업'했다고 한다. 예정보다 일찍 세상에 나와서 몸의 장기가 홀로 살아가도록 다 자라지 못하여 입원을 한 것이기에, 병이 든 게 아니라 성숙과 미성숙의 문제로 본다. 따라서 입원기간 중 시행하는 조처들은 병을 '치료한다'기보다는 모든 장기가 성숙하도록 '돕는다'는 말이 더 적절하다. 우리 아기는 언제쯤 내게로 올 수 있을까? 엄마 품에 안길 수는 있을까? 생명의 소중함과 신성함을 배우는 시간이 내게 주어진 까닭은 무엇일까? '제게 보내신다면 열심히 키워보겠습니다. 아니라면 고통 없이 일찍 데려가 주세요.' 어두운 밤길을 혼자서 휘적휘적 돌아오며 어쩌지 못하는 감정의 소용돌이에서 허덕이던 시간들도 이제는 졸업이다.

신생아집중치료실에 입원한 미숙아는 일반 소아과 입원환자처럼 어머니가 직접 아기를 간호할 수 없다. 입원기간 내내 그리고 퇴원 마지막 순간까지 간호사들이 엄마 노릇과 간병인 역할을 도맡아 한다. 만지기도 겁이 나는 작고 여린 아기들을 달래고 먹이고 씻기고 처치하는 손길이 감탄스럽다. "아무리 체중이 적고 일찍 태어난 미숙아라도 인체가 가지고 있는 모든 장기를 다 가지고 태어납니다. 미숙아, 특히 몸무게가 1,000g 미만의 초극소 저체중 출생아는 뇌, 눈, 심장, 폐, 위장, 콩팥 등 모든 장기가 혼자 기능을 하도록 발달되어 있지 않습니다. 숨을 쉬게 하려고 인공호흡기를 이용하여 산소와 혼합된 공기를 공급합니다. 뇌혈관이 약하여 발달장애가 생기는 후유증을 겪기도 합니다. 뇌 초음파를 이용하여 뇌출혈 여부를 주기적으로 검사를 해야 하는 이유입니다."* 다행스럽게도 우리 아기는 뇌출혈 소견이 발견되지 않았다. 치료결과는 아기마다 다르다. 같은 치료를 하였음에도 어떤 아기는 살고 어떤 아기는 부모 품에 돌아가지 못한다. 생존한 아기도 정상적인 삶을 사는가 하면 몸의 어느 장기에 미숙아로 태어난 흔적이 남아 장애를 겪기도 한다.

---

* 『세상이 궁금해서 일찍 나왔니?』(이철, 예미, 2018). 이른둥이의 탄생을 바라보는 노의사의 따뜻한 시선이 담겼다.

심각한 장애도 있고 가벼운 어려움도 있다. 인큐베이터 시기부터 보이타, 보바스와 같은 재활치료가 필요한 이유다.

인큐베이터에서 지내는 아기들에게는 인공호흡기와 산소관, 제대동맥에 삽입한 영양주사관, 심전도 및 산소분압 측정용 연결줄, 그리고 위에 넣은 수유관까지 수많은 줄과 관들이 작은 몸 여기저기에 달려 있다. 4개월의 시간은 의학적 상식이 전무했던 내게 주치의들이 말하는 의학용어들을 알아듣게 했고 의료기기들을 익히게 해주었다. 심장박동수, 산소포화도, 그리고 혈압을 측정하는 감시장치들에서는 쉬지 않고 순간순간의 데이터들이 표시되고, 위험한 상태가 되면 빨간불이 들어오고 경고음이 울린다. 심지어 수유용 관이 막혀도 펌프에서 경고음이 울린다. 하루 종일 아기 몸에 부착된 많은 감시장치가 쉬지 않고 경보음을 울려댄다. 그야말로 24시간 내내 깨어 아기 상태를 감시하고 있다. 그런 소음 속에서 아기들이 있으니 얼마나 스트레스에 시달리겠는가. 아무리 좋은 인큐베이터라도 엄마 뱃속의 하루보다 못하다는 이야기가 헛말이 아니다.

입원한 미숙아의 부모들도 서로 인사를 나누고 친하게 된다. 동병상련, '같은 병을 앓는 사람끼리 가엽게 여긴다'는 뜻이 이처럼 들어맞을 때가 있을까? 부모들은 통성명도 하고 아기 상태에 대하여 정보 교환도 한다. 졸업이 가까워지면 입원 중인 다른 부모들의 부러움과 축복의 대상이 되기도 한다. 집중치료실을 드나드는 기간이 1개월, 2개월, 3개월, 4개월로 늘면서 입원하는 친구도 퇴원하는 친구도 만났다. 비슷한 시기에 만난 승민이 엄마는 모델같이 늘씬한 몸매하며 차림새가 세련된 도시여성이다. 남녀 쌍둥이를 28주에 조산했다. 한 아기는 며칠 만에 하늘나라로 떠나보냈고 남은 아기는 뇌에 물이 차올라 물을 빼내는 시술을 했다. 첫 아기여서 더 안타깝지만 엄마는 의외로 의젓하다. 우리 아기 퇴원하면 입히라고 자신이 다니는 의류 브랜드의 아기옷을 잔뜩 선물로 주었다. 24주에 양수가 터진 주환이 엄마는 늦은 결혼에 어렵게 가진 아기의 조산으로 인해 온가족이 노심초사하고 있다. 면회도 부모 이외에는 할 수 없기에 양가 조부모가 발길을 돌릴 때는 같이 안타까움을 나눈다. 조기수축으로 병원에 꼼짝 않고 누워 있다가 29주 1kg으로 조산한 민서 엄마는 상대적으로 아기 상태가 양호한 편이다.

"엄마들, 우리가 할 수 있는 게 뭐가 있어요? 젖이나 많이 짜다주는 것밖에 없잖아요. 우리가 젖소부인이 되기 위해서는 가물치를 먹어야 되요. 우족도 좋고요."

지쳐 있는 엄마들에게 깔깔깔 웃음을 준다. 미숙아케어에 관한 이야기는 의사들 못지않게 전문적이어서 귀를 쫑긋하게 한다. 우리는 28주만 지났어도 좋았을 텐데, 1kg만 넘겼어도 이보다 훨씬 더 좋았을 텐데, 하면서 서로를 위로했다.

신생아 집중치료실에 있는 아기를 볼 수 있는 시간은 하루 두 번뿐이다. 낮 1시 30분과 저녁 7시 30분. 엄마들은 대기실 앞에서 기다리다가 시간이 되어 문이 열리면, 재빨리 소독을 하고 가운을 입고 각자의 아기가 있는 인큐베이터 앞으로 달려간다. 집에서 유축기로 짜온 모유를 전달하기도 한다. 아기가 빨지 않고 계속 유축기로 짜다 보면 피멍도 든다. 실제로 피가 나기도 하는데, 엄마들은 한 방울이라도 더 먹이기 위해 고통을 참는다. 이때 인큐베이터를 졸업하고 바구니로 나와서 퇴원 연습을 하는 아기들을 보면 상대적으로 다 큰 어른이 누워 있는 것처럼 보인다. 캥거루케어를 허락받은 아기를 품에 안고 직접 수유를 하는 엄마 아빠도 있다. 한편에서는 컨디션이 좋지 않아 응급처치를 해야 하는 아기들도 있다. 아기에게 소곤소곤 엄마 아빠의 목소리를 전달하려고 애쓰는 부모들도 있다. 30분 면회시간은 안타깝게도 너무나 빨리 지나가 버린다.

　당신은 인큐베이터 안의 천사들을 보신 적이 있나요? 병원 한구석 신생아집중치료실 인큐베이터 안에는 차마 손을 대기도 겁나고, 손을 대면 부서질 것만 같은 작은 생명이 살아 있어요. 성인의 손바닥보다 조금 큰 미숙아들이 세상 속으로 나오려 온갖 용트림을 하고 있어요. 너무너무 사랑스러운 아기 천사들이 누워 있는 그곳에 신의 축복이 가닿기를.

아니야! 아니야?

돌을 지난 아기들이 처음 배우는 말은 무엇일까요? 엄마 아빠 아니면 맘마일 테지요. 우리 딸은 두 돌이 다 되도록 발화가 없었어요. 태생적 한계 때문은 아닐지 겁이 났지요. 인큐베이터에 있을 때부터 의사들은 우리에게 다은이가 걷지 못할 수 있어요, 눈이 보이지 않을 수 있어요, 인지가 안 될 수 있어요, 겁을 주는 말들을 자주 해왔거든요. 이제 그런 과정들을 다 이겨내고 보고 듣고 걷고 달음질 치고 있는데 말이죠. 병원 재활의학과에서는 언어재활을 권했어요. 결국 언어치료실에 다니기로 했지요. 걷기 위한 재활을 마친 지 얼마 지나지 않았기에 다시 병원에 다녀야 한다는 게 싫었지만 더 늦어지면 안 될 것 같아서 결단을 내렸어요.

첫날 병원을 방문해서 단정하고 깔끔하게 생긴, 말투부터 상냥한 치료사 선생님과 상담을 하고 아기를 관찰했어요. 치료사 선생님은 아기가 수용언어는 괜찮은데 표현언어가 잘 안 되고 있다고 했어요. 꾸준히 치료를 받아보면 좋아질 거라 했어요. 6개월간의 병원생활이 다시 시작되었지요. 다은이는 치료실에 금방 적응했어요.

치료실에 있는 장난감과 교구들을 마구마구 꺼내서 치료실을 난장판으로 만들기도 했지만 치료사 선생님과의 상호작용에 문제는 없었어요. 그렇게 6개월의 1차 치료기간이 끝났어요. 그렇지만 뚜렷한 변화는 없었어요. 지시하는 말이나 물어보는 말에 반응을 보이는 정도는 점점 좋아졌지만.

문센(백화점문화센터)에 같이 다니는 다은이의 첫 친구 지원이는 벌써 문장을 말하고 엄마와 대화도 해서, 저는 조바심이 나기도 했어요. 모든 게 비교에서 온다는 사실을 알면서도 말이죠. 우리 아이는 우리 아이의 속도대로 잘 가고 있는 중인데 말이죠. 그렇게 시간이 흐르던 어느 날 아이가 "아니야!"하고 말하는 거예요.
"아니야? 다은아, 아니야! 라고 말했어?"
놀란 제가 재차 물으니 아이는 대답을 안 하고 달아나 버렸어요. 뛰어가 아이를 안고서 다시 물었어요.
"아니야! 다은이가 아니야? 라고 말했지. 그렇지! 우리 다은이의 첫 말이 아니야! 였어, 엄마가 너무 놀랐잖아."

집으로 돌아와 잠든 아이 곁에서 곰곰 생각했어요. 왜 아이가 내뱉은 말이 "아니야!" 였을까? 평상시 내가 '아니야'라는 말을 자주 쓰고 살았나? 그렇구나, 그거였어. 다은이의 어떤 위험한 행동을 제지할 때마다 엄마가 "아니야! 그거 아니야." 하고 말했던 거예요. 무심코 했던 말들을 다은이가 기억하고 있었어요. 좀 더 긍정적인 말을 자주 해주었으면 그런 말을 먼저 배웠을 텐데……. 반성을 하고 또 하게 되었어요. 엄마 아빠의 언어표현이 얼마나 중요한지, 한 마디 한 마디에 좀 더 신중을 기해야겠다는 생각도 많이 하는 날이었지요.

그날 이후 다은이는 봇물 터지듯 말이 늘었어요. 말이 느니 떼쓰기와 울음도 그치고 종알종알, 쫑알쫑알 하루 종일 쉬지 않고 말했어요. 이제는 그만 말하고 쉬었으면 좋겠는데, 고 앙증맞고 작은 입으로 "이거 뭐야? 이거 뭐야?" 대답이 나올 때까지 묻고 또 물었어요. 시작이 늦은 만큼 빠르게 따라잡고 싶었나 봐요. 그래서 우리는 한글나라 선생님을 집으로 불렀어요. 세상이 온통 호기심 천국인 딸은 초롱하고 쌍꺼풀진 눈을 가진 예쁜 선생님을 좋아했어요. 지시에 잘 따른다거나 가만히 앉아서 듣는다거나 하는 건 어려워했지만 사물 카드를 보여주면 곧장 이름을 말했어요. 꽃과 나무, 자동차와 건물, 사람과 동물의 이름을 틀리지 않고 말하는 게 얼마나 대견하고 기특하던지, 내가 천재를 낳았구나 하고 감탄하기도 했다니까요.

아이가 말을 잘하게 하려면 엄마가 수다쟁이가 되어야 한다고들 하지요. 하루 종일 시키지 않으면 말을 하지 않던 저를 수다쟁이로 만든 건 순전히 제 딸의 힘이 커요. 쉴 새 없이 말하는 아이의 질문에 대답하고 놀아주고 하다 보니 저도 계속 떠들게 되어버렸거든요. 저녁이 되면 기진맥진 쓰러지는 엄마를 아는지 모른지 잠들기 전까지 계속 떠드는 아이를 억지로 재우게 하려면 얼마나 또 애를 먹어야 하는지. 에너자이저인 딸은 건강하게 움직이고 말하고 먹고 했어요. 아프지 않고 잘 커가고 있어서 다행이라 생각하고 또 마음을 다잡지만 뒤늦은 육아가 벅차기도 했어요. 행복한 투정이라고 할까요. 살려만 달라도 애원하던 처음의 마음을 금방 잊어버리고 말았네요.

"아니야!"로 시작한 단어가 문장이 되고 대화가 되는 과정이 끝나니 바로 글자를 읽었어요. 나비, 가방, 꽃, 보다, 들다, 피다. 그리곤 바로 그림책의 짧은 문장을 읽었어요. 엄마가 읽어주면 곧바로 고사리 손으로 그림책을 치켜들고 나에게 읽어주었어요. 다른 장난감은 거들떠보지도 않고 그림책이 장난감이 되어 책으로 집을 짓고, 기차를 만들고, 다리를 만들어 건너갔어요. 물론 낙서를 하고 찢고 물어뜯기도 했지만 상관없었어요. 제가 "사과가 쿵." 하고 제목만 읽어줘도 딸은 "쿵! 사각 사각 사각 아, 싱싱해." 하고 읽어 나갔지요. 읽은 게 아니고 외운 거라고요? 그래도 괜찮아요. 우리 아이가 네 살 때부터 그림책을 혼자 읽은 건 사실이거든요.

네가 진짜 원하는 건 뭐야

결혼을 하고 첫 아이를 낳은 후 나의 목표는 강남에 아파트를 마련하고 하나뿐인 아들을 명문학교에 보내는 거였다. 곧 이룰 것만 같던 일들이 바로 앞에서 좌절될 때는 세상을 원망하고 남 탓하기 바빴다. 둘째 아이를 가지게 될 무렵에도 나는 첫 아이의 외고 입시에 매달리고 있었다. 입시학원과 유명강사를 쫓아다니고 학교장 추천서 한 장 받겠다고 봉사활동에도 열심이었다. 다른 사람을 위한 봉사가 아닌 나 자신의 이익을 위한 허울뿐인 봉사활동이었다.

입시를 앞두고 있던 늦가을쯤 몸이 왠지 피곤하고 감기가 온 것처럼 나른했다. 계절 탓이려니, 신경을 쓰다 보니 아픈가보다 하며 대수롭지 않게 넘겼다. 검사 차 들린 병원에서 산부인과 검진을 권했다. 임신이라는 진단이 나왔다. 나에게는 청천벽력과도 같은 소식이었다. 어떻게 받아들여야 하는지 감당이 되질 않았다. 내 인생의 어느 지점에도 둘째 아이는 없었기 때문에 판단이 서질 않았다. 가족에게도 말하지 못하고 전전긍긍했다. 병원에서는 노산을 이유로 산전검사를 철저히 해야 하며, 기형아 검사 등 온갖 검사를 받아야 한다고 했다. 떠밀리듯이 병원의 요구대로 끌려 다녔다. 자꾸 병원에 간다는 나를 아들과 남편이 조금은 의심했지만 임신 사실은 말하지 못했다. 검사 결과에 따라 혼자서 조용히 처리하고 싶었다.

검사 결과 건강하게 자라고 있다는 말에 임신 사실을 받아들이기로 결정했다. 남편과 아들에게 사실을 말했다. 다들 놀라움에 입을 다물지 못했다. 16년을 외아들로 커온 아들의 반응이 걱정스러웠지만 동생이 있는 게 나쁘지 않겠다는 말에 안심이 되었다. 남편은 얼떨떨하지만 그래도 반기는 표정이었다. 어렵게 가족들에게 사실을 밝히고 양가 어머니들께도 소식을 전했다. 뒤늦은 임신에 놀라워하셨다. 아무래도 하나보다는 둘이 낫다고 하셨다. 내심 아들하나라서 외로울까 걱정들을 하셨단 말씀을 똑같이 하셨다. 이후 나는 하던 일을 하나둘 정리하고 임산부 역할에만 충실하기로 결정했다. 그러나 막상 무엇부터 어떻게 준비해야 하는지 감이 오질 않아 마음만 분주했다.

편치 않은 마음 때문이지 나이 들어 임신한 탓인지 정기검진 때마다 혈압이 올랐다. 약을 먹자는 담당의사의 말에 걱정이 되었다. 하지만 임산부가 먹어도 괜찮다고 검증된 약이니 안심하고 먹으라고 했다. 임신 5개월이 지나자 태동이 느껴지면서 실감이 나기 시작했다. 가끔 배가 뭉치기도 했지만 컨디션은 그런대로 괜찮아 일상생활을 유지해 나가는 데 문제가 없었다. 그러나 2008년 2월 25일, 회원으로 활동하고 있던 시민단체의 총회 사전준비모임이 있었다.

회원들 간 의견 다툼으로 회의시간이 길어졌다. 이미 날도 어두워지고 피곤이 밀려왔다. 집으로 돌아오는 길에 배가 너무 단단하게 뭉치고 아파 걸음을 옮기기가 어려웠다. 10여분 거리를 30분 넘게 천천히 걸어 겨우겨우 집에 도착했다. 다음날이 정기검진일이기에 병원에 가면 원인을 알 수 있겠지 하며 그날 밤을 보냈다. 안정을 취하자 뭉쳤던 배도 풀렸기에 대수롭지 않게 여겨졌다.

여느 날처럼 시작된 하루. 2008년 2월 26일은 내게 엄청난 변화를 안겼다. 전날 무척 힘들었기에 조심스레 도착한 병원에서 임신중독증을 진단받았다. 바로 병원에 입원하고 사흘 뒤, 26주밖에 안 된 아이를 출산하기까지 순간순간이 휘몰아쳤다. 아이가 4개월간 인큐베이터에서 생사를 넘나들다가 무사히 퇴원했다. 퇴원 후에도 지속된 발달검사와, 재활치료, 언어치료…… 쉴 새 없이 4년여가 지나갔다. 그러는 사이 고등학교 1학년이었던 아들은 대학교에 입학했다. 외고 입시에 실패하고 진학한 일반고등학교에서 사춘기 성장통을 톡톡히 겪었던 아들, 사업 환경의 변화로 힘들어하는 남편, 건강을 우선해야 하는 딸 모두에게 행복한 길은 무엇일까? 고민을 거듭한 결과 귀촌을 결심했다. 독립할 나이가 된 큰 아이는 서울에 남겨두고 작은 아이를 데리고 적당한 곳을 찾아 시골로 내려가기로 했다. 여러 지역을 탐색해 본 결과 곡성 이주를 결심했다. 시골 출신 지인들은 시골살이의 어려움을 어떻게 이겨나갈지 염려했고, 마냥 환상을 이야기하는 도시 출신들은 좋은 결정이라고 환영했다. 남편이 고향으로의 귀향을 의외로 꺼끄러워 하며 망설였다. 나는 설득 반 협박 반으로 결단을 재촉했다. 군 입대를 앞둔 큰 아이가 소집이 되면 바로 실행에 옮기기로 하고 집을 부동산에 내놓았다. 남편은 사업을 정리했고 나는 살림살이 중에 가져갈 것과 버릴 걸 살폈다.

천천히 준비해서 내려갈 작정을 하고 있는 과정에서 아파트가 생각보다 빨리 팔렸다. 서둘러 이사준비를 해야 했다. 급하게 부지를 물색하고 곡성군 고달면 백곡마을에 터를 잡았다. 4개월 만에 후다닥 집을 지었다. 2011년 10월 31일 서울을 떠나 곡성으로 이사를 했다. 남겨둔 아들, 20여년의 서울생활, 나고 자란 고향 안양을 멀리 두고 떠나는 마음이 스산했다. 한편으로는 새로운 출발을 하는 기대감도 컸다. 우리 세 사람을 반겨줄 땅, 곡성. 이제는 '네가 진짜 원하는 건 뭐야?'라는 질문에 '응, 내가 원하는 건 이런 것이야!' 하고 답을 찾아가기를 바랐다. 그렇지만 생각만큼 시골살이가 환상적이진 않았다. 그것을 깨닫는 데는 긴 시간이 필요하지 않았다. 사람 사는 곳은 어느 곳이든 인생의 희로애락이 함께한다는 걸 비로소 알게 되었다.

곡성으로 이주해온 첫 해 겨울, 어찌나 춥던지 따뜻한 남쪽나라가 아닌 강원도 산골이 아닌가 싶었다. 생필품 구매를 위해선 섬진강 다리를 건너야 하고, 배달음식은 시킬 수도 없고, 밤에는 일찍 어두워져 나갈 엄두가 나질 않았다. 낯선 사람들, 낯선 풍경들과 대면하니 홀로 멀리 떨어져 나왔다는 두려움이 몰려왔다. 한편으론

다른 사람의 시선으로부터 자유로워졌다는 안도감이 혼재된 채 그 해 겨울이 지나갔다. 봄이 되자마자 봄꽃들이 피어 올라왔다. 섬진 강가 매화를 시작으로 목련, 벚꽃, 색대비가 완벽한 개나리와 진달래, 꽃부터 달콤한 복숭아와 살구, 자두꽃, 정열적으로 붉음을 자랑하는 철쭉까지 다투어 꽃봉오리를 터뜨렸다. 추운 겨울을 잘 견뎌낸 나에게 주는 커다란 선물이었다. 그래, 잘 왔다. 이곳에서 네가 진짜 원하는 걸 찾기 바래, 하면서 말이다.

그렇게 가족이 되는 거죠

 가족의 사전적 의미는 다음과 같다. 주로 부부를 중심으로 한 친족관계에 있는 사람들의 집단이며, 그 구성원은 혼인, 혈연, 입양 등으로 이루어진다. 나에게 가족이란 짐이었다. 벗어던져 버리고 싶은 족쇄와도 같았다. 원가족으로부터 가지고 있던 불안과 결핍을 결혼을 통해 보상받고자 했다. 남편에게서 따뜻한 아버지상을 구현하고 싶었고 아들은 내 꿈을 이뤄줄 대체자로 생각했다. 누구도 침범 못 할 나만의 견고한 성을 짓고 그 안에서 행복하리라. 그것이 얼마나 허망한 짓인지, 허상을 완전히 깨뜨려준 건 늦둥이 우리 딸이다.

 견고하다고 자신했던 성을 깨부수고 들어와 내 삶의 주인공이 되어버린 나의 딸. 그 작은 생명이 어느 날 갑자기 우리 가족의 한 자리를 꿰찼다. 4인용 식탁의 빈자리도, 자동차 뒷 자석의 빈자리도, 임자를 만났다. 주민등록등본 가족사항에도 한 줄을 더 넣었다. 우리 부부는 1남 1녀의 부모가 되었다. 상준이 엄마에서 다은이 엄마로 불리게 되었다. 한동안 부조화의 어색함이 따라 다녔다. 16년이나 차이가 나는 남매는 흔치 않다. 상황 설명을 할 일이 종종 생겼다. 고등학교 교복을 입고 기저귀 가방을 들어주던 아들. 지금 생각해도 우습고 기특하다.

"삼촌인가요." 동행한 아들에게 사람들이 묻는다.

"오빤데요." 난감했을 것이다.

지금도 장난삼아 아들은 "다은이, 너 오빠가 똥기저귀 갈아주며 키웠다." 한다. "그런 적 없는데." 노골적으로 싫은 티를 내며 딸은 시치미를 뗀다. 물론 기억날 리가 없지만.

지금은 추억담이지만, 그땐 우리 모두 갑자기 찾아온 변화에 허둥지둥 어쩔 줄을 몰라 했다. 자립할 준비가 전혀 안된 아들은 갑자기 찾아온 자유에 힘들어 했다. 팽팽하게 연결된 줄이 끊어지자 멀리 튕겨 나갔다. 그리고는 외쳤다.

"나는 이제 자유인이다. 아무도 날 건드리지 마! 나는 이제 왕자에서 거지가 되어 자유를 얻었다. 푸하하!"

눈이 엄청 내린 겨울날, 학교에서 전화가 왔다.

"상준이가 학교에 안 왔는데 무슨 일이 있으신가요?"

"네? 아침에 학교에 간다고 나갔는데요."

"어머니, 출석상황도 내신에 반영되는 거라서 걱정이 됩니다. 빨리 찾아서 학교로 보내주세요."

"알겠습니다. 선생님, 죄송합니다."

전화를 끊고 나니 뇌가 멈춘다. 아이에게 급하게 전화를 건다. 전화기가 꺼져 있다. 화가 치밀어 오른다. 아니다. 무슨 사고라도 난 걸까? 그렇다면 연락이 왔을 텐데……. 남편에게 연락해 상황을 설명한다. 눈이 너무 많이 내려 차를 움직일 수가 없단다. 동네에서 아들이 갈만한 곳을 찾아다녀 보겠다고 한다. PC방, 편의점, 친구네 집, 어디서도 흔적을 찾을 수 없다. 내내 애타는 마음을 아는지 모르는지 하교시간에 맞춰 유유자적 나타난 아들. 무사히 돌아와 줘서 고맙긴 한데 괘씸하다.

"너, 학교에는 안 가고 어디서 뭐하다 이제야 나타나?"

"엄마는 이렇게 온 세상 하얗게 뒤덮인 날, 삭막한 교실에 앉아서 공부가 하고 싶어? 친구들하고 서울숲에 가서 눈싸움하고 뒹굴고 놀았지."

"전화는 왜 꺼놨어?"

"방해받고 싶지 않아서."

어이가 없지만 한편으로는 공감도 되어 더 이상 야단치는 일도 무의미해진다. 나는 짐짓 차분한 목소리로 따라온 친구들에게도 잔소리를 한다.

"너희들 마음도 이해는 가. 그렇지만 무단결석은 안 되는 거야. 진정한 친구란, 같이 노는 것도 좋지만 해야 할 일은 하도록 돕는 거야."

듣고만 있던 아들이 억울해서인지 반성해서인지 눈물을 흘린다. 아들의 마음을 뒤흔든 그해 겨울은 눈이 유난히도 많이 내렸다.

아들은 그 사건 이후로도 몇 번 더 사고를 쳤다. 아빠와 다투고 뛰쳐나가다 복도에 세워놓은 자전거를 걸어차는 바람에 발을 다쳐 한동안 제대로 걷지를 못했다. 할 수 없이 남편은 자기보다 덩치가 더 큰 아들을 업고 다녔다. 학원 수업에도 간다고 해놓고 빠지기 일쑤였다. 좌충우돌하던 아들은 수능이 코앞으로 다가오자 발등에 불이 떨어졌다. 내신이 안 되니 논술전형에 도전한다고 한다. 급하게 도전한 실력이 제대로 나올 리 없다. 지원한 대학전형 일곱 곳 모두 떨어졌다. 그동안 너무 공부를 안했다고 후회를 거듭한다. 그러나 이미 엎질러진 물, 시간이 없다. 마침 국가행사 G20회의로 인해 수능이 일주일 연기되었다. 아들은 하늘이 자기에게 준 기회라며 일주일간 만회해 보겠다고 큰소리를 친다. 다행히 아들은 시험을 무사히 치렀고 기대만큼은 아니지만 지방대는 가지 않겠다고 한 약속을 겨우 지켜냈다.

대학에 입학한 아들을 남겨둔 채 서울을 떠나오면서 작별인사를 했다. 멀리 떨어져 있어도 우리는 가족이며 그 사실은 변하지 않는다고. 아들은 한동안 불 꺼진 집에 들어가는 게 싫어서 한강에 나가 한참을 앉았다 들어갔노라고 고백했다.

> 밤늦은 길을 걸어서
> 지친 하루를 되돌아보면
> 언제나 나를 맞는 깊은 어둠과
> 고요히 잠든 가족들

이승환의 「가족」이라는 노래를 들으면 지금도 눈물이 난다. 외로움을 먹고 아들은 어른이 되었다. 소유로서의 사랑이 아닌 존재로서의 사랑을 알아가고 있는 중이다. 가족은 세상이 발칵 뒤집혀도 우리를 지켜주는 힘이다. 아무리 멀리 떨어져 있어도 존재의 중심에 자리하고 있다. 아들이 묻는다. 그렇게 가족이 되는 거죠? 딸이 대답한다. 우리 가족은 아빠, 엄마, 오빠, 그리고 나 김다은입니다.

한 자리에 모인 날

아침부터 허둥지둥이다. 봄부터 딸아이의 중학교 입학 기념사진을 찍기로 약속했는데 가을이 되어서야 날짜가 잡혔다. 전날 서울에서 직장 일을 마치고 곡성 집으로 내려온 아들이 싸들고 온 옷을 풀어 구김이 없는지 살핀다. 남편도 오랜만에 다림질한 셔츠와 갖춰 입은 양복이 어색한지 연신 거울 앞을 서성인다. 아무 것도 아닌 듯 시작한 일이 각별한 순간으로 다가왔다. 나도 며칠 전부터 아이의 중학교 교복에 톤을 맞추기 위해 골라놓은 원피스를 몇 번이나 입어보곤 했다. 남색 자켓과 진녹색 체크무늬 치마를 입은 딸의 모습이 의젓하다. 넥타이까지 매어주니 더 단정해 보인다.

읍에 있는 청록사진관에 도착했다. 약간은 긴장이 되었다. 따뜻한 조명과 벽에 걸린 가족사진들 속에서 환히 웃는 사람들이 정겹게 다가왔다. 액자를 보며 나도 웃음 연습을 해본다.
"엄마는 여기, 아빠는 오른쪽, 자녀분들은 가운데로."
화장기 없는 얼굴에 중단발 머리를 질끈 묶어 올리고 간판 이름처럼 청록색 작업복 점프수트를 입은 젊은 여자사진사가 능숙하게 우리를 지휘한다.

"네, 좋아요. 찍습니다."

"하나, 둘, 셋 웃으세요."

사진사가 외쳤다. 우리는 서로를 보며 웃었다. "자연스럽게, 자연스럽게."를 반복하는 사진사 덕분에 얼굴이 더 경직된다. 어색하지만 서로를 바라보며 어깨에 손을 올리고 맞잡아보며 눈빛을 나눈다. 여러 컷의 사진 중에 모두의 선택을 받은 두 버전만 남기기로 했다. 정면을 바라보는 사진과 옆으로 서로를 바라보는 사진이 우리가 한 자리에 모인 오늘을 기억하게 할 테지.

집으로 돌아오는 길, 우리는 아쉬운 마음에 발길을 돌려 차리고 나온 기념으로 뷔페식당을 찾았다. 호텔 앞에서 우리만의 사진을 더 촬영했다. "남는 건 사진뿐이야."를 외치며 단란한 가족 컨셉을 함께 연기했다. 어색하다며 심드렁해 하는 남편과 아들을 달래가며 아빠와 아들, 아빠와 딸, 엄마와 아들, 엄마와 딸, 다정한 부부, 가족 모두를 담는 셀카까지, 연신 카메라를 눌러댔다. 어색하지만 웃다 보니 저절로 웃음이 나왔다. 가족이란 이런 건가 보다. 별다를 게 없던 하루가 조금씩 특별해지는 기분이 드는 건 나만의 생각은 아닌 듯하다. 저녁 만찬의 뷔페 상차림이 더 풍성해졌다.

지금 생각해 보니 가족사진은 단지 우리의 얼굴을 담는 게 아니라 그날의 공기, 서로를 챙기던 마음, 말하지 못한 애정, 무심한 눈빛 속 숨겨진 시간을 담는 거였다. 그래서 사진은 순간을 담는 것이 아니라 기억을 새긴다고 했을까? 가끔 꺼내보는 사진은 우리가 한 프레임 안에 함께 있다는 사실만으로도 충분히 따뜻하다. 어깨를 맞대고 손을 잡으며 웃는 순간이 우리라는 이름으로 한 자리에 모인 날을 기억하게 한다.

아버지의 유산
―아버지에게 보내는 편지

집으로 들어오는 고갯길 아카시아 꽃이 피었습니다. 차창을 열어 향기를 맡아봅니다. 향기로 숲을 덮으며 흰 노래를 날리는 아카시아꽃이라 노래한 이해인 수녀의 시가 생각납니다. 저의 5월은 아카시아 향기와 함께합니다. 어스름저녁 퇴근한 아버지의 손을 잡고 앞동산에 올랐습니다. 바람결에 달콤 화사한 향이 코끝을 먼저 건드립니다. 아버지가 팔을 뻗어 하얀 꽃 한 송이 따줍니다. 후루룩 한 주먹 훑어 내입에 가득 넣어줍니다. 향기와 함께 달달함이 온몸에 퍼집니다. 그 향기, 그 달콤함 아직도 생생합니다. 집으로 돌아오며 초록잎으로 가위, 바위, 보를 합니다. 아버지는 이길 수 있어도 져줍니다. 이긴 사람 소원 들어주기를 합니다. 나는 아버지 등에 업혀 동산을 내려옵니다. 어두워지는데 애 데리고 어디 갔다 오느냐고 엄마가 묻습니다. 우리는 서로 입을 막으며 쉿! 하고 방으로 들어갑니다. 5월 어느 날 저녁 풍경입니다.

아버지!
5월 1일에 아버지 어머니 계신 용인에 다녀왔습니다. 어린 저를 앉혀놓고 우리 본적은 경기도 용인군 외사면 근삼리 OO번지라며 잊지 말라고 하시던 말씀 아직도 기억합니다. 해마다 맑던 날씨가 그날따라 비가 내렸습니다. 아버지 어머니 곁에서 오래 머물고 싶었는데 잠깐 동안 서 있다 내려와야 했습니다. 아버지를 기억하시던 같은 고향 어르신들도 하나둘 세상을 떠나셨습니다. 니가 정복이 딸이냐? 하시던 친척분들도 보이지 않습니다. 시간은 욕심보다 강하고 심지어 집념보다도 강하다고 합니다. 아버지와 헤어진 지 48년이 지났습니다. 아버지는 여전히 마흔두 살의 젊은 아버지이고 저는 여전히 열두 살 꼬마입니다. 시간이 멈추었습니다. 제가 아버지를 다시 만날 때도 열두 살이었으면 좋겠습니다. 아버지는 여전히 마흔두 살로 멈추어 계실 테니 말입니다. 아참, 나이든 엄마는 알아보실 수 있으셨나요? 두 분의 짧았던 인연을 잇고 싶어 엄마를 빨리 데려가셨나 봅니다.

글을 쓰기 위해 동생에게 엄마 아버지 결혼식 사진을 찾아서 가져오라고 했습니다. 그런데 사진에 엄마 얼굴은 없고 아버지만 남겨두셨더랍니다. 먼저 떠난 남편의 얼굴은 없애버리고 싶었을 텐데 말입니다. 오랜만에 아버지 얼굴을 봅니다. 젊은 아버지, 어찌 그렇게 남동생과 똑같으실까요? 짙은 눈썹, 부리한 눈, 뚜렷한 입술 윤곽. 이제 제 동생이 그때의 아버지보다 훨씬 나이 들어 쉰셋입니다. 아버지의 성품도 그대로 이어받아 꾀부리지 않고 우직하게 가정과 직장을 지켜냅니다. 저는 기억합니다. 남동생이 태어나던 날, 아버지는 무척이나 좋아하셨습니다. 가문의 대를 이어놓았으니 참 다행이다 하셨습니다. 그렇다고 첫 아이인 저를 귀히 여기지 않았던 건 아닙니다. 항상 우리 맏이, 우리 큰딸, 하셨으니까요. 얼큰하게 취하고 들어오시면 잠들어 있는 저를 먼저 찾으셨습니다. 저는 잠들지 않았었지만 분명 아버지가 볼 뽀뽀를 하실 걸 알기에 자는 척 했습니다. 아이구! 이 녀석 벌써 잠들었네. 하시며 저의 볼에 부비시던 수염의 까칠함이 좋았습니다.

누구보다 성실하셨던 분, 선하셨던 분임을 압니다. 동네 궂은일에 앞장서시고, 동료들 외상값도 갚아주느라 얇아진 월급봉투 내밀 때마다 미안해하시던 아버지와 속상해하시던 엄마. 지금 생각하니 저에게는 엄청 좋은 분이었는데, 엄마에게 좋은 남편은 아니었다 싶습니다. 남에게 싫은 소리 못하시고 양자로 오셨음에도 할머니에게 극진하셨다는 걸 압니다. 이 사람아 살다보면 다 그런 거지! 하며 너털웃음 지으시던 아버지를 기억합니다. 엄마는 아버지 제사 때면 늘 그러셨습니다. 아버지가 착하게 사신덕에 우리 아들, 딸이 나쁜 짓 안하고 살고 있다고 말입니다. 정을 오랫동안 나누지 못한 부부 사이였지만 그래도 엄마는 아버지를 존경했던 듯합니다. 니 아버지는 항상 내게 존댓말 쓰셨다. 부부간에 함부로 너니, 나니, 하지 말라 하셨습니다. 늘 집에서 큰 소리 내는 건 엄마였지만 그만하시게! 하는 아버지의 소리에 더 이상 뭐라 하지 않으셨습니다.

아버지!
참으로 불러 보고 싶은 이름입니다. 요즘 아이들은 아빠라고들

합니다. 서른이 넘은 제 아들도 아빠라고 부릅니다. 저는 아빠보다는 아버지가 더 정겹습니다. 그렇게 불러온 탓일 겁니다. 내일은 어버이날입니다. 저마다 카네이션을 사서 갑니다. 그러나 저는 줄 곳이 없습니다. 색종이로 서툴게 접어 만든 카네이션을 가슴에 달고 자랑스럽게 나가시던 아버지가 그립습니다. 묵묵히 자신의 자리에서 최선을 다하시던 그 모습, 언젠가 고향으로 돌아가 농사지으며 살겠노라 하시던 말씀 기억합니다. 그런 이유로 제가 이곳, 아버지는 알지는 못하는 산골에 와 살고 있는지도 모르겠습니다. 영숙아, 이름처럼 맑게 살아라! 하시던 그 말씀으로 살아갑니다. 아버지의 가르침으로 제가 살아갈 용기를 얻습니다. 육십에 이른 나이인 오늘도 아버지가 그립습니다.

2부
용기가 필요할 때

엄마의 고향집

맏이는 다 그래야 돼?

"맏딸은 살림밑천이지, 첫째가 딸이라서 좋구만." 주변에서 늘 이렇게 말한다. "살림밑천은 무슨, 우리 집 대들보한테." 아침마다 참빗으로 빗어 올린 쪽진 머리를 하고 한복을 입으셨던 할머니가 반박하신다. 할머니는 늘 나에게 "누구 손녀지?" 하고 물으셨다. 그럼 나는 "상산 김가, 글월 문자에 쓸 용자 할머니 손녀지!" 하고 대답했다. 그 말에 할머니는 흡족한 미소를 지으며 "아이구 내 새끼, 똑똑도 하지." 하며 안아주셨다. 할머니의 귀한 첫 손주이자 엄마와 아버지의 2녀 1남의 첫째, 맏딸로 태어난 나는 집안의 기대주였다. 누가 태어나고 싶어서 태어났으랴만 태어난 순서는 인생을 만들어 가는데 많은 영향을 준다. 아버지도 둘째 아들이었기에 할머니에게 양자로 보내졌다.

자식이 없었던 할머니에게 아버지가 엄마와 결혼하고 분가하면서 양자로 입적되었다. 할머니는 손녀인 내가 첫 자식이나 다름없었기에 아기 때부터 나를 돌보고 키우셨다. 방학 때면 항상 할머니와 용인으로 갔다. 그곳에 할머니의 친정이 있었고 아버지의 본가

인 큰 집이 있었다. 거기에는 눈썹 털이 마치 호랑이를 닮았던 할아버지(아버지의 친아버지)가 계셨다. 할아버지 할머니가 같이 살지 않는 게 이상하기도 했지만 자세히 물어보지도 않았다. 할머니 할아버지가 되면 그런가보다 했다. 큰 집에는 아들만 4형제가 있었다. 딸이 없었던 큰아버지와 큰어머니도 나를 예뻐하셨다. 오빠들도 친절했다. 다만 나와 같은 나이지만 생일이 빠르다는 이유로 오빠라고 부르라며 센 척 하던 셋째만 빼고 말이다. 나는 할머니가 애지중지하는 첫 손녀, 부모님의 첫 자식, 아들뿐인 사촌지간에서 귀한 딸이었다. 그런 기세를 등에 업고 꽤 당돌한 유년시절을 보냈다.

때로는 할머니와 엄마가 나를 두고 쟁탈전을 벌이기도 했다. 할머니는 날 데리고 자려 하셨고, 엄마는 잘 때만이라도 부모와 자야 한다고 했다. 그런 실랑이 속에서 나는 대부분 할머니 품으로 들어갔다. 할머니는 승자의 미소로 나를 안아 재우셨다. 동생들의 시기어린 질투도 받았다. 네 살 터울 여동생은 불만을 자주 토로했다.

"엄마! 언니는 공주옷 사주면서 나는 맨날 바지야? 나도 원피스 입고 다닐래."

"선머슴처럼 이리 뛰고 저리 뛰고 돌아다니기 바쁜 애가 무슨 원피스야. 니 언니처럼 얌전히 책 읽고 공부하고 그래봐. 원피스 아니라 뭐를 못 사줄까."

"엄마 미워! 엄마는 언니만 이뻐하고."

학교에서건 집에서건 내 동생이라는 사실 때문에 불이익 당한다고 여긴 여동생의 푸념이 지금도 들리는 듯하다. 어른들의 비호 아래 나는 두 동생에게 소설 「우리들의 일그러진 영웅」 속의 엄석대처럼 군림했다.

아버지의 부재 이후에는 그런 태도가 더 심해졌다. 온갖 심부름은 여동생에게 시키는가 하면 일곱 살 어린 남동생에게까지 근엄한 아버지처럼 보이려 했다. 위태로운 집안을 지탱해야 한다는 사명감이 있었다. 한꺼번에 몰아닥친 풍랑 속에서 어찌할 바를 모르던 시간들을 헤쳐 나가려던 몸부림이었다. 갑자기 모든 게 변했다. 하루아침에 아버지 없는 세상을 받아들여야 했고 할머니마저 정신을 놓고 1년을 앓다 돌아가셨다. 나는 방어막도 보호막도 다 벗겨진 채 비바람 부는 언덕에 홀로 던져진 알몸덩어리에 불과했다. 이 모든 일을 감당해내야 하는 엄마를, 순진무구한 두 동생을 건사할 힘도 능력도 모자랐다. 아직은 철없는 열네 살의 소녀일 뿐이었다. 우리는 뿌리 없는 나무처럼 흔들렸다.

어느 날 밤늦도록 엄마가 들어오지 않으셨다. 걱정은 되었지만 동생들에게는 알리지 않고 있었다. 옆 동네에 사는 팔촌쯤 되는 친척 오빠가 초록 양철대문을 열고 어두워진 마당으로 들어섰다. 항상 붉으죽죽한 얼굴에 모자는 삐딱하게 쓰고 얼룩덜룩한 군복을 자주 입고 다니는 오빠였다.
"너희 엄마 안 들어오셨지? 지금 우리 집에 계신다. 너는 첫째인데 엄마가 안 들어오면 찾아보고 그래야지 어떻게 편안하게 집에 있냐?"

가르치는 듯한 소리가 귀에 거슬린다.

"내가 왜? 나간 건 엄만데, 내가 왜 찾아야 되는데? 엄마가 나갔으니까 엄마가 들어와야지 내가 왜 찾아나서?"

"오죽하면 니 엄마가 우리 집에 와서 우시겠냐고. 너희들 때문에 그 고생을 하시는 거 아니냐?"

"우리가 낳아달라고 했어? 나도 태어나고 싶지 않았다고."

점점 목소리가 커진다. 날카로운 비수를 내다 꽂는다.

"오빠는 안동 김씨도 아니잖아, 이름에 식자도 안 들어가는 영철이잖아. 아줌마가 데리고 들어온 거 나도 알아. 그런데 왜 우리 집에 와서 참견이야. 신경 쓸 데 없으면 동생 미순이나 잘 챙겨. 혀 짧아가지고 데데데 거리는 거 얼마나 창피한 줄 알아? 학교 갈 때마다 영수가 가티 가다 데ㅔㅔ…… 침 흘리면서 쫓아오면 내가 미치겠다고."

"너 정말 심하다. 넌 이집에 맏이잖아, 맏이가 그러면 되냐?"

"맏이면 어때야 되는데? 내가 맏이 되는데 오빠가 보태준 거 있어?"

목에 핏대를 올려 말하곤 힘든지 숨을 씨씩 거린다.

"야! 너, 너무 못됐다. 그러는 거 아니다. 동생들 다 듣는다. 맏이면 맏이답게 굴어야지. 너네 엄만 니가 공부 잘해서 우수상 받고 엄마가 안 도와줘도 반장되고 그런다고 맨날 자랑이다. 너를 제일 의지한다고 그러서. 맏이는 뭐가 달라도 다르다고."

'다르긴 뭐가 달라. 맏이면 다 그래야 돼?' 맏이라는 말의 무게에 눌린 나는 더 이상 언쟁할 힘을 잃었다. 독기서린 말들을 거침없이 내뱉을 때와는 다르게 슬며시 방문을 닫고 들어와 버렸다.

　맏이라는 말은 때로는 빛나는 왕관이었고 때로는 벗어버리고 싶은 족쇄였다. 내 나이 열네 살, 반항과 우울로 인한 깊은 슬픔 속에서 나만의 방을 만들고 숨어 지내던 시절이었다. 세상에 내 편은 하나도 남아 있지 않다고 느꼈다. 그래도 견뎌내고 버틸 수 있었던 건 그 시절엔 그렇게 듣기 싫었던 "우리 큰딸이 안 해서 그렇지 한 번 하면 누구보다 잘할 거야." 하시던 엄마 말 때문이었다.

아버지, 어디 계세요

1977년 9월 6일, 잊을 수도 없고 잊히지도 않는 날이다. 시작은 다른 날과 같았지만 끝은 달랐다. 그날 한 가정이 무너져 내렸다. 다섯 사람을 받쳐주던 기둥이 뚝 끊어져 버렸다. 남은 식구들은 어찌해야 할 지 모르고 주저앉았다. 할머니는 정신을 놓아버렸고, 서른다섯 살 젊은 엄마는 울부짖었다. 남겨진 아이들은 어른들을 따라 불안한 마음을 내보일 수도 없어 눈치껏 자리를 찾아야만 했다. 졸지에 어린 삼남매의 가장이 되어버린 젊은 엄마, 정신줄 놓고 거동마저 불편한 할머니…… 모두 제정신이 아니었다.

기억은 희미해지고 고통은 줄어든다는 말이 맞을까? 아버지의 상을 치루고 1년 뒤 할머니마저 돌아가시자 엄마는 서서히 제자리를 찾아갔다. 다시 일을 시작했다. 둥근 얼굴에 반듯한 이마, 도드라진 광대와 작은 눈, 다소 낮은 콧대를 보충하려는 앙다문 입술, 각진 어깨와 날렵한 몸매가 보여주듯 강인한 인상의 엄마는 더 강해졌다. 분식 가게를 시작했다. 이제 나를 지켜주는 건 돈뿐이다. 내 자식들을 잘 키우려면 돈을 벌어야 한다며 밤낮없이 일을 했다. 멈출 줄 모르는 열차처럼 폭주했다. 중학교에 입학하는 나에게 전자시계를 필두로 카메라와 워크맨을 다른 아이들보다 먼저 사주셨다. 교복도 교복점이 아닌 양장점에서 맞춰주셨다.

"너희 기죽을 거 하나도 없다. 내 보란 듯이 너희들 성공시킬 거야. 엄마만 믿고 아무 걱정 말고 공부나 열심히 해!"

엄마는 새벽에 일어나 우리 아침상을 차렸고 도시락을 쌌고 새벽시장에 나가 재료를 준비해서 분식집 문을 열었다. 부지런하고 열정적이었다.

그러던 어느 날, 집에 낯선 아저씨가 찾아왔다. 경계심이 들었지만 관심을 가지는 모습조차 보이기 싫어 조심했다. 홀쩍 큰 키에 양복이 제법 잘 어울리는 그는 우리에게 선물을 건넸다. 어느 날은 바나나를, 어느 날은 과자세트를, 어느 날은 공책을 사들고 오기도 했다. 우리에게 잘 보이려고 꽤나 애를 썼다. 특히 중학교 1학년인 내게는 과하다 싶을 만큼 친절했다. 그렇게 몇 달이 지나던 어느 날 엄마가 내게 말했다.

"엄마는 아저씨랑 같이 하기로 했거든. 그런데 아직은 니가 아저씨랑 친해지는 시간이 더 필요할 것 같아. 그래서 말인데……."

한참을 뜸들이던 엄마가 말을 이었다.

"막내는 아직 애기니까 엄마가 데리고 가고, 너는 동생이랑 여기서 그대로 지내면 어떨까? 엄마가 자주 들여다볼 꺼니까."

"가, 가버려! 아주 가버려. 나는 혼자서 지낼 거야. 나는 아버지가 지은 이 집에서 살다가 죽을 거야. 아버지는 아직 내 마음 속에 살아 있어."

나는 울음을 참아가며 쏘아붙였다. 그날 밤 이불을 뒤집어 쓴 채 밤새 울었다.

"아버지 어디 계세요? 아버지 어딘가에서 다 지켜보고 계신 거죠? 제가 지금 꿈을 꾸고 있는 거죠? 언젠가는 제 앞에 나 여기 있다 하고 나타나실 거죠?"

받아들이기 힘든 현실에서 도망치고 싶었다.

"언니, 울지 마, 울지 마!"

초등학교 4학년인 여동생이 눈을 꿈뻑이며 옆에서 달랬다. 나는 엄마가 말할 수 없이 미웠다.

"아버지가 돌아가신 것도 다 엄마 탓이잖아! 아버지가 회사만 안 옮겼어도 사고가 안 났을 거잖아. 엄마 욕심 때문에 아버지가 죽은 거야. 아버지는 아직 내 맘에 살아있는데, 새아버지가 말이 된다고 생각해? 가, 가라고! 아주 가서 오지 마. 나는 여기, 아버지 집에서 살다 죽을 거야."

나의 모진 말 때문이었는지 결국 엄마는 다시 돌아왔다. 아니, 떠나지 못했다. 힘든 길을 홀로 감당해야 하는 전쟁터 같은 곳을. 그 후로 나와 엄마의 관계는 계속 어긋났다. 결핍을 채워주려는 듯 엄마는 돈으로 나를 회유했고 나는 보란 듯이 엄마 말과는 반대로 나갔다. 주는 돈은 마구 써댔다. 그러나 아버지의 빈자리는 곳곳에서 드러나 나를 집어삼켰다. 분명히 가장은 엄마인데 여자라서 안 되고, 다섯 살짜리 남동생을 호주로 세워야 하는 기이한 일이 생겼다.

호주와의 관계를 설명해야 하는 상황에서는 기가 찼다. 모든 환경 조사서에 부 사망이라고 적어야 하는 끔찍함, 편모가정이라는 동정 어린 시선들, 안됐다며 쯧쯧 혀를 차는 사람들까지 모두 원망스럽고 보고 싶지 않았다. 스스로를 고립시켰고 가시 돋친 고슴도치처럼 나를 숨겼다. 소중한 이들을 빼앗아 간 세상을 향한 분노를 동생들과 엄마에게 마구 쏟아냈다

갑자기 떠난 아버지를 애도하는 시간을 충분히 갖지 못한 채 안 그런 척 살아내는 데서 오는 힘겨움 때문이 아니었을까. 슬픔을 치료받지 못하고 누르고 눌러온 감정들은 깨지 못할 만큼 단단해진다. 우리는 스스로를 위로할 줄도 모른 채 서로에게 상처를 입혔다. 지금 다시 열두 살로 돌아 갈 수 있다면 이렇게 그 소녀를 위로하고 싶다.
'그래, 슬프면 슬프다고 해도 돼, 울고 싶으면 맘껏 울어도 돼. 그래도 돼.'

영숙이, 숙제했어?

내 이름은 김영숙이다. 영숙이, 아주 아주 흔한 이름이다. 전화번호부가 있던 시절 내 이름을 찾아보면 몇 장이 넘기도 했다. 여기에 이영숙, 박영숙, 최영숙, 정영숙, 강영숙, 조영숙, 윤영숙, 장영숙 등 성씨마다 또 영숙이 차고 넘친다. 그 중에서 최고 많은 김영숙은 4만 명이 넘어서 우리나라에서 가장 흔한 이름으로 꼽힌다. 하물며 내 친구도 영숙이가 있으니 말 다했다. 초등학교 때 같은 반이었던 박영숙. 단짝으로 지냈다. "영숙아!" 부르면 둘 다 난가하며 뒤돌아보면 친구들은 "너 말고 너라고." 놀렸다. 중학교 때는 같은 반에 김영숙이 두 명 아니 세 명이었던가? 그래서 a, b, c로 부르기도 하고 작은 영숙, 중간 영숙, 큰 영숙, 몇 번 영숙, 참 많이도 불리고 만났다. 하물며 사촌시동생의 부인(동서) 이름도 영숙이다. 그나마 다행인 것은 한영숙, 성이 달랐다. 얼마 전에는 글쓰기교실 같은 기수에서 김영숙을 만나기도 했으니 어지간히도 많은 이름인 건 확실하다.

흔하디흔한 이름이 너무 싫어 개명을 고민하기도 했다. 내 이름을 지어주셨다는 할아버지께 따지듯 물었다.

"예쁜 이름도 많은데 하필 영숙이에요? 생각 없이 지으신 거 아니에요? 영숙이 너무 촌스러워요."

"꽃부리(꽃의 빛나는 부분 중심부) 영(英)에 맑을 숙(淑)이니, 빛나는 지혜로 해맑게 잘 살라는 뜻으로 지은 좋은 이름이다."

그래도 나는 영숙보다는 영주나, 영혜, 아니면 거꾸로 숙영이라고 세련되게 바꾸고 싶다고 했다. 할아버지는 말씀하셨다.

"이놈아 좋은 이름이니까 사람들이 많이 짓는 게지, 이름 탓하지 말고 이름에 맞게 살려고 애써봐라."

너무 흔한 이름 김영숙. 저잣거리에서 돌을 던지면 맞을 것 같은 이름임에도 불구하고, 나름 이름에 걸맞게 살아오려고 애를 썼다. 내 좌우명이 맑게 살자, 이기도 하니까.

차츰 이름을 사랑해보려고 애쓰며 이름에 자신감을 가지려고 할 때, 이런 나의 노력을 비웃기라도 하듯 모 개그맨이 TV에 나와 말끝마다 "영숙이 숙제했어?" 물어댔다. 주변 사람들도 나만 보면 "영숙이 숙제했어?" 물었다. "숙제 다 했거든요. 제발 그만 물으세요. 노이로제 걸린다구요." 애써 참았던 이름에 대한 설움이 폭발했다. "영숙이 좀 부르지 마시라구요요요." 개명의 유혹이 스멀스멀 다시 기어 올라왔다.

이름에서 조금 자유로워진 건 결혼 이후다. 아이를 낳고 나니 자연스럽게 상준 엄마가 내 이름이 되었다. 나는 영숙이에서 해방되어 좋았다. 그러고 보니 우리 엄마는 엄마 이름보다는 영숙이 엄마로 오래 불리며 살았는데 투정을 부리지 않으셨다. 존재의 의미인 이름, 흔한 이름은 있어도 하찮은 이름이란 없다. 영숙이 숙제했어? 라는 유행어가 돌고 리얼리티 쇼에도 영숙이가 나오는 건 아마도 개성도 없고 흔한 그래서 친근한 이름이기 때문이다. 흔한 이름일지 언정 누구누구 엄마, 누구 부인, 언니, 누나보다는 오롯한 나 영숙이로 불릴 때가 내 존재가 더 뚜렷해진다. 있는 그대로의 나를 사랑해주던 아버지, 엄마, 그리고 할머니가 계시던 시절로 돌아가고 싶다.

"영숙아, 할머니랑 마실 갈까?"

"네, 할머니!"

"영숙아, 아버지랑 산보 갈까?"

"네, 아버지!"

"영숙아, 숙제했어?"

"네, 엄마!"

이게 다 엄마 때문이야

　엄마는 늘 바빴다. 쉼 없이 일했다. 밥하고, 청소하고, 식구들 챙기고 바깥일도 다니며 늘 분주했다. 가장의 짐을 오롯이 혼자 짊어지고 나갈 때는 더했다. 24시간 계속 돌아가는 기계처럼 일하고 또 일했다. "엄마처럼 살지 않으려면 공부 열심히 해야 한다."란 말을 입버릇처럼 했다. 그럴 때마다 나는 "그 소리 너무 지겨워, 그만 좀 해!" 문을 꽝 닫아버리곤 했다. 그러면서도 물어다주는 먹이는 잘도 받아먹었다. 얼마나 힘들게 구해 가져오는지 묻지도 알려고도 하지 않았다. "걱정 마, 엄마처럼 안 살 테니까!" 큰소리쳤다. 어린 나는 엄마의 고단함을 이해하지 못했고 엄마는 내 감정의 울타리까지 들여다볼 여유가 없었다.

　"언니, 엄마가 이번 어린이날에 우리하고 수원 원천유원지(지금의 광교호수공원)로 놀러갈 거래! 나, 거기 엄청 가고 싶었거든, 회전목마도 타고 오리배도 탄대."
　들뜬 목소리의 4학년 여동생이 신이 나서 방으로 부엌으로 뛰어다녔다. 1학년 막내 남동생도 좋은지 연신 싱글벙글이다.

"난 안 갈 거야." 내가 퉁명하게 내뱉았다.

"왜 안 가? 지금 엄마가 김밥 싸고 있어. 언니 안 가도 그래도 난 갈 거야, 이 날을 얼마나 기다렸다고."

혹시나 못 가게 될까봐 동생은 다짐했다. 나는 같이 가자는 엄마의 설득에도, 동생들의 애원에도, 따라나서지 않았다.

"언제부터 그렇게 자상한 엄마였다고, 누가 속을 줄 알고."

엄마의 등에 대고 투덜거렸다. 오늘따라 화장을 하고 잘 차려 입은 꽃무늬 원피스가 눈에 거슬렸다. 아버지 없이 나서는 소풍이 달갑지 않았다. 어색하다는 말이 더 맞는 건지도 몰랐다. 아버지랑 같이 갔던 마지막 여행이 떠올라 괴로웠다. 안산 서해바닷가 사리갯벌. 양동이 가득 잡아온 게를 요리해 먹은 날. 내 곁에 아버지도 할머니도 없다는 게 믿기지 않았다. 아버지의 사고 이후 혼란스러웠던 감정들을 수습하기도 전에 딸처럼 나를 키우셨던 할머니의 죽음까지 이어지면서, 헤어 나오기 힘든 수렁에 빠진 기분이었다. 제자리를 찾아가는 엄마와 동생들이 정상으로 보이지 않았다. 나는 아직도 현실을 받아들이지 못하고 있었다.

"이게 다 엄마 때문이야! 엄마가 아버지께 회사를 옮기라고만 안 했어도 이런 일은 벌어지지 않았어. 모든 게 엄마 때문이야!"

자꾸만 상처를 후벼 팠다. 혼자 남은 나는 남겨진 김밥과 찐 달걀, 사이다 한 병과 대치했다.

'이걸 먹으면 내가 지는 거지, 안 먹을 거야!'

한 시간, 두 시간 시간이 흐르고 점심때가 지나고 해가 오후로 넘어가면서 점점 불안해졌다. '혹시 식구들이 나만 두고 도망간 건가?' 의심에 의심이 꼬리를 물고 나를 집어삼켰다. '어쩌지! 같이 가는 건데 괜히 심술 부렸나.' 자책도 했다. '까짓 것 혼자면 어때? 보란 듯이 잘 살아 가면 되는 거야, 겁낼 것 없어! 오히려 홀가분해질지도 모르잖아.'

해가 서쪽으로 기울어갈 때쯤 하루 종일 햇볕에 달궈져 빨개진 얼굴로 엄마와 동생들이 돌아왔다. 두 동생은 소풍의 여운이 아직도 남아서 하루 종일 논일을 무용담처럼 늘어놓았다. 모처럼 엄마와의 나들이에 달뜬 모습들이다. 마음씀씀이가 나보다 더 어른스러운 동생이 지금껏 그때의 일로 나를 놀린다.

"언니는 참 고집불통이었어."

생활력 강한 엄마의 성정을 그대로 물려받은 쉰여섯의 여동생 앞에서 나는 순한 양이 되어버린다.

"그러게 왜 그랬는지 나도 모르겠다."

'엄마'는 쉬운 말 같으면서도 내게 너무 무거운 단어다. 엄마가 내 등 뒤에서 울고 있었다는 걸 아주 나중에야 알게 되었다. 어딘지 익숙한 말투와 어조! 그건 오래전 엄마의 것이었는데 내가 아이를 향해 말하고 있었다. 우린 서로 닮아 있다는 걸 이제야 알겠다. 이게 다 엄마 때문이 아니라 엄마 덕분이었음을! 엄마를 잃고 나서야 너무나도 늦게 알았다.

가면을 벗으라고 하지 마세요

오늘도 화장대 앞에 섭니다. 거울에 비친 내 얼굴을 살핍니다. 나이 들어갈수록 점점 엄마의 얼굴이 보입니다. 어릴 적 나는 엄마 닮았다는 소리가 듣기 싫었습니다. 엄마와 다르게 사는 모습을 보이려 안간힘을 썼습니다. 바깥일 안하고 내 아이에게 따뜻한 부모가 되고자 애썼습니다. 그러나 그것이 얼마나 버거운 일인지 깨닫고 말았습니다. 나도 모르게 엄마의 방식으로 엄마와 같은 모습으로 살아가려 애쓰고 있음을 알게 되었습니다. 스스로 만들어 쓴 가면을 진짜 나라고 착각하고 살았습니다.

나는 어릴 때부터 조심스러운 아이였습니다. 원래 그랬던 건 아닙니다. 기쁘면 웃었고, 슬프면 울었던 솔직한 아이였습니다. 내 나이 열두 살, 아버지가 갑자기 사고로 돌아가시자 그 자리를 대신해야 했던 엄마는 자식들의 감정 따위는 들여다 볼 여유가 없었습니다, 그저 새끼들 굶기지 않고 먹이고 입히고 공부시키는 게 최고라 여겼을 뿐입니다. 아침 일찍 나가 밤늦게 들어오는 상황에서 어떻게 여유가 있었겠습니까? 그런 환경은 나를 점점 말없는 아이로 만들었습니다. 더 정확하게는 감정을 드러내지 않는 게 옳다고 믿는 사람으로 바뀌어 갔습니다. 감정의 찌꺼기를 걸러내지 못하고 꽁꽁 싸매어 놓았다가 엄마나 동생에게 폭탄 던지듯 던져버리곤 했습니다. 무방비 상태에서 고스란히 그 폭탄을 떠안은 동생들과 엄마를 돌아보지 않은 채, 밖에서는 말없이 자기일 잘하는 착하고 성실한 사람이라는 가면을 쓰고 살았습니다. 감정을 조심스럽게 감추고 말 대신 표정을 관리하고 어떤 상황에서도 흔들리지 않는 단단한 사람인척 하는 법을 익혔습니다. 가면은 때로는 편리합니다. 내 감정을 들키지 않아 상처받지 않을 수 있습니다. 가끔은 그런 나에게 질문을 던져봅니다. 지금 너는 진짜니? 그래도 아주 가끔 마음을 놓고 가면을 벗을 수 있기를 바라기도 합니다. 오랫동안 소식을 전하지 않아도 내 속마음을 아는 사람, 그런 존재가 있다는 사실만으로도 버틸 수 있는 힘을 얻기 때문입니다.

그 애를 처음 만난 건 고등학교 1학년 때입니다. 내가 원하는 학교가 아닌, 상황에 떠밀려 들어온 학교였기에 설렘과 기대는 전혀 없었습니다. 반 배정을 받아 교실에 들어갔습니다. 깡마른 체구에 튀어나온 입, 말상의 긴 얼굴을 가진 여자선생이 담임으로 들어왔습니다. 입학 성적순으로 몇 명을 호명했습니다. 그 선생은 반장을 해봤던 사람 손들어보라고 했습니다. 쭈뼛거리던 나에게 같은 중학교 출신 아이들이 부추기는 통에 손을 들었습니다. 그녀는 나를 보더니 키가 작아서 일이나 제대로 하겠어. 하며 못마땅하게 쳐다보았습니다. 나는 창피스럽고 화도 났지만 표정을 들키지 말아야겠다 싶었습니다. 보란 듯이 교무실로 가서 반 아이들의 교과서를 받아와 나누어주었습니다. 그때부터였습니다. 안 그래도 맘에 들지 않는 학교에 들어와 기분이 좋지 않은데 담임까지 나와 맞지 않는 최악의 선생이라니. 암울한 학교생활이 기다리고 있었습니다. 진학문제로 인한 엄마와의 갈등, 재미없는 학교, 하나같이 열의 없는 선생들, 수업시간은 따분했고 나는 공부와 점점 멀어져 갔습니다.

그때 내 눈에 들어온 한 아이가 있었습니다. 까무잡잡한 피부에 두꺼운 쌍꺼풀진 두 눈을 멀뚱멀뚱 뜨고 호기심 어리게 두리번거리던 아이였습니다. 쌍꺼풀 없는 평범한 눈, 핏기 없는 하얀 피부에 의욕 없어 보이는 나와는 정반대였습니다. 같은 점이라곤 비슷한 키에 콧등에 점이 있다는 것이었습니다. 우린 그 점을 공통점이라고 이름 붙였습니다. 우리는 어떻게 시작되었는지는 모르지만 붙어 다녔습니다. 그 아이는 나의 일방적 악다구니를 들어주고 돼먹지 않은 인생철학을 다 받아주었습니다. 나는 점점 더 그 애를 내 마음대로 조종하고 싶었습니다. 다른 친구들이 그 아이 곁에 다가오는 걸 차단했습니다. 너는 나만 바라봐야 한다며 강요했습니다. 훗날 이야기를 들어보니 다른 친구들이 넌 왜 개랑 다니면서 맨날 당하냐? 그런 이상한 애랑 같이 다니지 말라고 충고했었다고 합니다. 나는 그 아이 앞에서는 가면을 벗었습니다. 그 아이를 만나지 못했다면 내 인생은 어떻게 되었을까 생각해봅니다. 가시를 잔뜩 곧추세운 있는 나를, 피 흘려가며 안아준 친구 덕분에 숨 쉬며 살 수 있었습니다.

나를 지지해주던 친구가 어느 날부터인지 다른 친구와 있을 때 더 많이 웃고 이야기하고 즐거워보였습니다. 나는 더 이상 너와 친구가 되고 싶지 않다고 편지를 써서 그 친구에게 전해주려고 집을 찾아갔습니다. 집 앞 모퉁이에 숨어 그 애가 나오기만을 기다리고 있었습니다. 한참을 기다려도 나오질 않아 포기하고 돌아가려는 찰라 어떤 아저씨 한 분이 집에서 나오는 게 보였습니다. 한쪽 다리를 심하게 저는 작고 왜소해 보이는 아저씨였습니다. 뒤따라 나오는 친구가 보였습니다. 그 아저씨는 친구의 아버지였습니다. 나는 충격에 휩싸여 꼼짝을 못하고 그 자리에 서 있었습니다. 그리고는 어두워진 후에 그 집 앞을 떠나 집으로 돌아왔습니다. 그랬었구나! 나는 왜 내 얘기만 하고 친구 이야기는 들어주지 않았을까? 친구는 왜 자기의 이야기를 나에게 한 번도 들려주지 않았을까? 자기는 가면을 쓰고 있으면서 나의 가면을 벗게 한 이유는 무엇이었을까? 복잡하게 얽힌 마음이 정리되지 않았습니다. 전과 똑같은 마음으로 친구를 볼 자신이 없었습니다.

2학년이 되면서 다른 반이 된 우리는 서로 다른 친구들과 어울렸습니다. 나는 가끔 찾아오는 그 아이를 매몰차게 물리쳤습니다. 이제 그만 괴롭히고 싶으니 편한 친구들과 어울려 놀라며 돌려보냈습니다. 하지만 나는 괜찮지 않았습니다. 그 아이만큼 내 이야기를 듣고 공감하는 친구가 없었습니다. 아무리 웃고 떠들어도 공허할 뿐이었습니다. 어느 날 내가 물었습니다.
"우리 아버지한테 같이 갔다 올래?"

"거기가 어딘데"
"용인인데 백암이라고 알아?"
"잘 모르는데."

우리는 안양에서 수원터미널까지 가서, 다시 용인 가는 시외버스를 탔고, 다시 용인터미널에서 백암 가는 버스에 올랐습니다. 아버지가 있는 산소까지는 비포장 길을 30여분 더 걸어야 했습니다. 그리고 아버지 무덤 앞에서 절을 하고 한참을 앉아 있었습니다. 우리는 그날 서로 말이 없었습니다. 돌아오는 버스에서 속삭이고 싶었습니다. 가면을 벗으라고 하지 마. 스스로 벗는 날이 있을 테니 기다려 줘.

외로움이 힘이 될까요

'사고', '병원', '가망 없다' 이 단어들이 어린 나에게는 너무 컸다. 예고장도 없이 갑자기 들이닥쳤을 때 어른들은 안타까워했다. 내가 그리워하는 사람의 이름을 부르면, 사람들은 급히 화제를 돌렸다. 슬픔을 말하는 게 금기처럼 느껴졌고, 그래서 나는 점점 말이 줄었다. 외로움은 그렇게 시작되었다. 세상과 어울리지 못하고 조금 비껴서 있었다. 누가 조금만 다가와도 움츠려들었다. 누구에게도 기대지 못했고 누가 나를 떠날까봐 먼저 물러났다. 관계 속에서 외로움을 느끼지 않기 위해 관계 자체를 만들지 않았다. 자기 속으로 숨으면서, 자신감을 상실하고 열등감과 자책감에 시달렸다. 부정적인 감정들이 나를 행복하지 않은 삶으로 이끌었다. 강하게 보이려 애썼지만 실상은 아주 여리고 보호받고 싶었다. 그 마음을 들키지 않기 위해 발버둥 칠수록 더 깊은 외로움에 시달렸다.

그 외로움을 달래줄 음악을 만났다. 깊은 밤 식구들마저 잠들면 비로소 나의 시간은 시작된다. 냉장고 소리, 시계 초침 소리, 내 숨소리만이 맴도는 고즈넉한 밤, 홀로 듣는 음악은 친구처럼 나를 위로했다. 멜로디에 빠지고 몇 마디 알아들은 가사에 취하고 가수의 목소리에 매료되었다. 그 시간만큼은 혼자라는 생각이 들지 않았다. 특히 오늘 같이 봄비가 제법 내리는 날 듣던 유라이 힙(Urih Heep)이 부른 「레인(Rain)」은 슬픔의 감정을 빗물에 빗대어 섬세하게 표현한 노랫말이 시처럼 들리곤 했다. 푹푹 찌는 여름, 늘어질 대로 늘어지는 날엔 딥 퍼플(Depp Purple)의 「하이웨이 스타(Highway Star)」를 크게 틀고 한바탕 소리를 지르면 된다. 답답했던 가슴이 확 뚫어지며 시원한 소나기가 쏟아진 듯 개운하다. 가을에 듣는 바클리 제임스 앤 하비스트(Barclay James Harvest)의 「푸어 맨스 무디 블루스(Poor man's Moody Blues)」는 가을의 쓸쓸함이 듬뿍 묻어난다. 헤어진 연인에게 love you, love you 애타게 외치던 노래가 어찌나 애달프던지. 그리고 깊어가는 겨울밤에는 내 인생 최애곡인 킹 크림슨(King Crmson)의 「에피타프(Epitaph)」가 제격이다. '묘비명'이라는 제목부터 범상치 않았고 처음 듣는 순간 온몸에 전율이 흘렀다. 8분 47초나 되는 긴 곡으로 방송에서도 전 곡을 잘 틀지 않기에, 어렵게 녹음을 해놓고 듣고 또 들었다. 듣고 있노라면 인생의 비장함이 잔뜩 묻어나온다. 인류의 어리석음으로 인하여 닥칠 세상의 멸망에 대한 두려움을 표현한 곡이란 걸 알고는 심오한 가사가 더욱 좋아졌던 노래다.

음악을 좀 더 알고 싶어 한 달에 한 번씩 나오는 『월간 팝송』이라는 잡지를 기다렸다가 꼭 사왔다. 안양 1번가에 있던, 크림빵이 맛있던 독일빵집 옆 독일서점. 늘 기타를 멋들어지게 치고 계셨던 주인아저씨가 한 권씩 빼놨다가 내가 가면 내어주곤 했다. 이 잡지를 통해 팝 이전에 대중음악의 뿌리와도 같은 재즈와 블루스에 대해 알아갔다. 특히 록, 프로그래시브 음악을 주류로 하드록과 헤비메탈에 빠져들었다. 레드 제플린(Led Zeppelin), 딥 퍼플(Deep Purple), 핑크 플로이드(Pink Floyd), 블랙 사바스(Black Sabbath), 스콜피언스(Scorpionns) 등의 음악은 답답한 현실에서 벗어나게 하는 묘약이었다. 번쩍이는 장신구를 둘둘 만 검은 재킷과 가죽바지, 장발을 휘날리는 모습은 자유의 상징이었다.

책에 실린 악보를 보고 가사를 노트에 적고 사전을 찾아가며 해석을 했다. 애청곡 목록을 만들어 놓고 음악방송에 나오는 노래를 공 테이프에 녹음해서 늘어지도록 들었다. 팝송을 들으며 가사 해석에 열심이던 나를 엄마는 흐뭇하게 생각하셨다. 우리 딸이 밤을 새워 열심히 공부하고 있다고. 참고서 살 돈으로 음악잡지 사 모으는 줄은 꿈에도 모르셨겠지. 아니, 알면서도 속아주셨나. 이제는 확인할 길이 없다.

또 다른 취미는 야구경기 기록이었다. 중학교 시절부터 고교야구 선수를 좋아했다. 1970년대는 고교야구가 인기가 많았던 시절이었다. 대통령배, 황금사자기, 청룡기, 봉황대기 등 전국대회가 동대문경기장에서 열리면 관심들이 대단했다. 『여학생』이라는 잡지에 소녀들의 인기순위에 박노준, 김건우라는 선린상고의 두 선수가 1,2위를 하던 시절이었으니 말이다. 나는 많은 사람들이 좋아하는 선수 말고, 아무런 연고도 없었지만 경북고 선수들을 좋아했다. TV나 라디오로 중계되는 좋아하는 선수들의 경기기록을 찾아 메모하고 분석하는데 흥미가 있었다. 1982년 프로야구가 개막한 후엔 토요일 수업을 마치고 잠실야구장에 가서 2~3시간 혼자 앉아 선수들의 경기모습을 분석하고 기록하곤 했다. 한때는 야구기록원이 되어볼까 생각할 만큼 야구 보는 재미로 시간가는 줄 모르고 땡볕에 앉아 있었다. 제일 관심을 가졌던 선수는 삼성 라이온즈의 이만수 선수였다. 파이팅 넘치고, 포수로 팀을 이끌면서도 타자로서도 기록이 좋았던 선수여서 참 좋아했었다. 하지만 삼성 라이온즈가 매번 한국시리즈에서 우승을 못하고 좌절하는 바람에 같이 속상하고 화도 나고 그랬다. 학원가라고 준 돈을 프로야구 입장권 구입비로 써버렸다는 사실을 이제야 고백하는데 이것도 엄마는 아셨을까. 모르고 가셔서 다행이라고 해야겠다.

지금 생각해보니 외롭다는 핑계로 나는 엄마를 속여 가며 내가 하고 싶은 것들을 하고 다녔다. 답답한 현실에서 도망치려고 외로움이라는 도피처로 찾아들었다. 주어진 삶을 충실히 견뎌낼 역할과 책임감을 외로움이라는 웅덩이에 빠뜨렸다. 하지만 지금 나는 그 아이를 조금씩 안아주려고 한다. 슬픔이 있었기에 더 깊은 사랑을 알게 되었고 더 조심히 사람을 대하게 되었다. 외로움은 한때 나를 가둔 감옥이었지만 나를 지켜준 방이기도 했다. 그 방에서 나는 나를 알아갔고 세상을 조금씩 이해하게 되었다. 이제 나는 외로움은 그림자처럼 삶의 매순간 함께 한다는 걸, 외로움이 힘이 된다는 걸 안다.

그리고 아무 일도 일어나지 않았다

나는 헤어지자 했다. 우리 인연은 여기까지라고 했다. 그는 우리의 지난 시간이 온통 거짓이었단 말이냐며 안 된다고 했다. 그럴 수 없다고 했다. 조금만 기다려 달라고 했다. 2월의 스산한 바람이 온몸을 파고들었다. 나는 그가 더 적극적으로 나를 잡아주길 바랐다. 꼭 기다리라는 믿음을 주길 바랐다. 그는 늘 그랬다. 결혼 이야기가 나오면 무언가 자신이 없었다. 미루기만 했다. 어쩌면 내가 더 매달리기를 기다리고 있었는지도 모르겠다. 만나자고 연락은 하면서도 정확한 날짜와 시간은 말하지 않았다. 한동안 소식이 없던 그가 두 달 후인 5월초 불쑥 내 앞에 나타났다. 그리고는 한없이 표현했다. 그리웠노라고, 늘 네 생각을 했노라고. 그가 차를 가지고 왔다. 막무가내로 타라고 했다.

"어디 가는데?"

"춘천."

그리고는 말이 없다. 한참을 달려 춘천으로 향하는 북한강 길에 올랐다. 흐르는 강물을 거슬러 오르며 우리는 불안한 마음을 서로 감췄다.

"돌아가!"

"아니, 안 돌아가."

단호한 그의 반응에 덜컥 겁이 났다. 이미 어두워진 밤길, 줄어든 차량, 인적 없는 산길이 이어졌다.

"집에 안 들어가면 큰일 난단 말이야, 내일 중요한 약속이 있어. 엄마 마음 아프게 하고 싶지 않아, 제발 부탁이야, 차 돌려."

나는 울음이 터졌다. 나의 울음 섞인 애원에 당황한 그가 차를 멈췄다. 이미 밤이 깊어 사방이 어두워졌다. 시계를 보니 12시가 넘었다. 돌아와 집 뒤 수리산 입구에 차를 세웠다. 우리는 한동안 아무 말 없이 차창 밖 어둠을 무심하게 바라봤다. 침묵을 깬 건 나였다.

"나, 선 볼 거야, 엄마가 안 그러면 직장이고 뭐고 다 그만두고 집 안에만 있으라고 해서. 그냥 두었다간 큰일 나게 생겼다고……. 난 엄마를 이길 수가 없어."

그는 말이 없다. 한참 만에 그가 입을 열었다.

"기다려 달라고 그랬잖아. 지금은 아니라고, 너를 위해서 하는 말이야."

"나를 위한다면 확신을 줘야지, 언제까지면 된다고……."

차안의 다툼소리가 밖으로 새어나갔는지 순찰을 돌던 정복차림 경찰이 차안으로 플래시 비춘다. 아무 일도 아니라고 돌아가시라 말하며 서로 민망한 웃음을 지어보여야 했다.

우리의 첫 만남은 업무적이었다. 그는 S보험사의 기업연금 담당자였다. T사의 총무부 직원이었던 나는 회사 임직원들의 퇴직연금과 관련된 업무를 보고 있었다. 직원들의 입·퇴사에 관련된 보험 계약 업무 차 회사에 들른 그와의 첫 만남은 그렇게 시작되었다. 퇴직직원과 신입직원 명단과 관련하여 착오가 생겨 티격태격하던 차에 부장이 들어왔다. 우리는 서로 아무 일 없었다는 듯 모른 체했다. 그는 부장과 나머지 업무를 처리한 후 서류를 챙겨나갔다. 나가며 그가 전해준 연락처가 적힌 명함과 함께 '따로 전화할 테니 받아주길 바람'이라는 메모가 들어 있었다. 나는 도둑질하다 들킨 사람처럼 심장이 쿵쾅거렸다. 그날 이후 우리는 2년 가까이 되는 시간을 같이했다. 나는 퇴근시간을 기다렸고 그의 전화를 기다렸다. 일이 늦어져 퇴근이 늦어지면 발을 동동 굴렀다. 안달이 났다. 그의 직장인 수원 팔달문 근처에서 만나 경기도청(옛 청사, 지금은 광교로 이전) 길을 걸었다. 벚꽃 핀 도청 앞은 화사했다. 활짝 웃는 그의 얼굴이 벚꽃보다 빛났다. 우리는 손을 잡고 걸었다. 저녁 봄바람이 불어왔다. 그의 손이 나의 허리를 감쌌다. 그의 거친 숨소리가 내 가슴도 뛰게 했다. 그의 입술이 와 닿는다. 벚꽃의 향이 나를 숨 멎게 했다.

날렵한 턱선, 매부리코에 가까운 콧등, 깊은 눈에서 나오는 그윽한 눈빛, 단정하게 차려입은 수트가 어울리는 그는 무척 예민했다. 강박증처럼 보일 정도로 단정하게 자신을 다듬었다. 손수건도 언제나 네모반듯하게 접어 다려서 가지고 다녔다. 같이 밥을 먹다가도 작은 티끌 한 올만 나와도 그냥 넘기질 못했다. 밥을 먹지 않았고 주인에게 주의를 줬다. 그런 그가 내가 먹다 남긴 밥은 먹었으며 심지어 내가 먹던 걸 빼앗아 먹기도 했다. 더럽다는 나의 핀잔에 그는 네가 먹던 거는 안 더럽거든 하며 웃었다. 그의 웃음이 좋았다. 그가 나를 정말로 좋아한다고 믿었다. 시간 가는 게 아쉬웠다. 헤어져야 하는 시간은 언제나 빠르게 와버렸다. 집에 돌아가기 위해 수원역에서 출발하는 밤 11시 30분 청량리행 마지막 전철을 타야했다. 우리는 뛰었다. 그가 먼저 달려가 열차에 발을 걸었다. 겨우 겨우 막차에 턱걸이했다. 나는 숨을 헐떡이며 그가 내민 손을 잡고 전철 안으로 뛰어 들어갔다. 가쁜 숨을 몰아쉬며 우리는 두 손을 잡고 안도의 웃음을 쏟아냈다. 집으로 돌아오는 길은 왜 이리 짧은 것일까? 수원, 화서, 율전, 부곡, 군포…… 그의 어깨에 기대어 잠깐 졸다가 흔드는 손길에 후다닥 내린다. 어둠이 내린 군포역에서 내려 우리 집까지 또 걷는다. 샛길이 아닌 우체국 뒤편 언덕길로 돌아간다. 조금이라도 더 같이 있고 싶기에 천천히 천천히. 집 앞 가로등 아래 멈춘다. 이대로 시간이 멈췄으면 좋겠다. 우리는 떼어지지 않는 몸과 마음을 억지로 떼어놓는다. 그가 이제 집으로 들어가라고 떠민다. 가로등 불빛에 내리는 눈발이 별처럼 반짝이며 땅으로 떨어진다.

"어떻게 집에 갈 거야?"

"나는 알아서 갈게, 얼른 들어가 어머니 걱정하신다."

돌아서 내려가는 그의 뒷모습이 쓸쓸하다.

엄마는 내 연애를 탐탁치 않아하셨다. 동네에 소문나면 안 된다며 단속에 나섰다. 새벽에 돌아다닌다는 둥 남자랑 같이 있다는 둥

하는 소리가 들린다며 경계를 했다. 그를 얼른 집에 데리고 오라 했다. 어떤 놈인지 봐야겠다고 하셨다. 엄마가 혼자 키워 그러느냐는 말에는 대항하기 어려웠다. 차일피일 미루며 때가 되면 인사시키고 할 테니 걱정마시라고만 했다. 엄마는 주변의 평에 무척 민감했다. 애비 없이 키워 그렇다느니, 다 큰 딸자식 밖으로 돌린다느니, 그런 소리 듣게 하지 말라며 나를 옭아맸다. 그의 어머니가 홀어머니라는 게 마음에 안 든다고 했다. 본인이 혼자이기에 더 예민하게 반응을 했는지도 모르겠다. 그에게 결혼 안 한 형이 있는 것도 걸렸고 에어로빅 강사라는 그의 이혼한 누나까지 걸고 넘어졌다. 네가 다 감당하기가 어려울 거라며, 양친부모 다 계시고 평탄한 집으로 시집가라며 극도로 몸을 사리게 했다.

수원 화성 화홍문 아래 개천에 물 흐르는 소리와 함께 우리는 돌계단에 앉아 있다. 같이 있는 것만으로도 충만하다.
"엄마가 집에 한 번 오라는데."
"그래, 그래야지."
"언제로 날 잡을까? 미리 준비해야 되잖아."
"준비할게 뭐 있어, 그냥 인사만 드리는 건데."
그러나 그는 오지 않았다. 믿을 수 없는 사람이라며 엄마는 당장 헤어지라고 했다. 그리고는 여기저기 수소문을 시작했다. 결국 외사촌 언니가 소개하는 형부와 가깝게 지낸다는 지인을 만나보라고 강요했다. 그가 지금의 남편이 될 줄을 그때 나는 몰랐다. 결혼식 전날까지도 아니 식장에 들어서는 순간까지도 나는 그를 생각했다.

영화 「졸업」의 마지막 장면처럼, 주인공 더스틴 호프만이 연기했던 벤자민처럼. 그가 뛰어와 이 결혼은 무효야 하며 나를 데리고 나가는 상상을 했다. 그러면 나는 여주인공 일레인이 되어 웨딩드레스를 움켜쥐고 달아나는 그런 상상을. 그러나 내 인생에서 이런 반전은 없었다. 나는 큰아버지의 손에 이끌려 식장 안으로 들어갔다. 흐뭇한 미소로 나를 바라보고 있는 투박한 남자가 앞에서 기다리고 있었다. 그날 강남 청담동 원앙예식장에서는 아무 일도 일어나지 않았다.

사람들은 다 어디로 가버렸을까

칠이 군데군데 벗겨진 초록대문을 삐거덕 열며 들어선 마당. 인기척이라곤 없다. 내가 들어서자 눈치를 살피던 흰둥이만 킁킁거린다. 담장 안쪽 댑싸리가 연녹색잎을 무성하게 달고 있다. 엄마는 일터에 있을 시간이다. 초등학교 2학년 여동생은 학교에서 오자마자 교회로 달려갔는지 가방만 마루에서 뒹군다. 혼자 놀다 지친 여섯 살 남동생은 엄마가 몇 푼 쥐어준 용돈으로 만화방에 틀어박혀 있을 게 분명하다. 부엌문을 열고 뒷마당으로 나가본다. 수돗물을 틀어 빛바랜 푸른 바가지에 담아 벌컥 마신다. 왼쪽 장독대 옆 작은 텃밭에 컴프리(허브종류)와 딸기가 심어져 있다. 제대로 보살피지 못해서 웃자랐다. 오른쪽으로는 채송화, 분꽃, 봉숭아, 과꽃, 해바라기가 뒤섞였다. 할머니가 계셨을 적에는 장독대도 정갈했고 텃밭도 가지런했고 꽃들도 옹기종기 심어져 있었는데. 간혹 상처가 나거나 하면 컴프리 풀을 찧어서 싸매 주시곤 했었는데. 그러면 신기하게 며칠 뒤에 감쪽같이 나았는데. 나는 텅 빈 집에서 열세 살 초여름 오후 방과 후의 무료함과 쓸쓸함을 달래본다.

엄마는 밤이 깊어서야 지친 몸을 이끌고 들어왔다. 동생들은 잠에 골아 떨어져 있다. 뒷집에 세 들어 사는 새댁네 부부 싸움이 시작되었는지 시끄럽다. '쨍그렁 우탕탕' 그릇 깨지는 소리에 이어 여자의 울음소리와 남자의 성난 목소리가 번갈아 들린다.
"저것들은 밤만 되면 난리굿이야. 아이구 지겨워, 내가 이 동네를 얼른 떠야지. 어중이떠중이 죄들 몰려와 조용할 날이 없네."
엄마는 자신에 대한 한탄인지, 배려라곤 없는 이웃에 대한 반감인지, 구시렁거리며 속을 달랬다.
"엄마, 제발 여길 떠나서 조용하고 근사한 주택에서 살아보자."
나도 애원인지 기원인지 모를 투정으로 엄마의 시름에 맞장구를 친다. 좀 잠잠해지나 싶었는데, 락스타가 되겠다며 긴 머리를 휘날리며 기타를 메고 다니던 뒷집 고씨네 큰아들의 기타소리와 굉음에 가까운 노랫소리가 뒤섞여 귀청을 때린다.
"징징징 티잉팅팅, 아아우에에에."

신문물에 빨랐던 엄마를 둔 덕분에 우리 집에는 가전제품이 다른 집보다 빨리 들어왔다. 신주단지처럼 모셨던 골드스타 연두색 금성냉장고에는 다른 집에서 맡겨둔 찬들도 들어 있었다. 똑같은 통인데도 각자 자기 찬들은 헷갈리지 않고 찾아갔다. 그리 크지 않은 냉장고였는데도 몇 집이 공유한 것이다. 텔레비전은 다리가 달렸고 양옆으로 미는 문도 있었던 대한전선 TV였다. 여름밤에는 안방에 틀어놓은 TV를 마당에 모인 사람들과 같이 보았다. 「전설의 고향」 납량특집은 사람들을 오싹하게 만드는데 제격이었다. 나는 시끄러운 집에서 빨리 벗어나고 싶기만 했다. 방학 중 비상연락망을 짜야 한다고 조르는 내 성화에 들여놓은 전화는 동네사람들의 공중전화기 노릇을 했다. 날쌘돌이 여동생은 전화 심부름을 시키면 냅다 달려가 연락병 노릇을 톡톡히 했다.

 어른들은 시내에서 떨어진 우리 동네를 작은 범말이라 불렀다. 조금 더 큰 윗동네가 큰 범말이다. 안양, 군포, 의왕, 세 지역을 넘나드는 경계지역이었다. 큰 길 건너 삼각뿔 입구에 '나자로마을'이라는 간판이 크게 붙은 나환자촌이 있었다. 그곳 마을 초입에 작은 분교가 하나 있었다. 마땅한 놀이시설이 없던 동네 아이들은 그 학교를 놀이터 삼아 놀곤 했다. 어른들은 안쪽 마을까지 들어가지는 말라고 했다. 하지 말라면 더 하고 싶은 법, 호기심에 안쪽으로 자꾸 들어갔다. 잘 가꾸어진 길을 따라 벚나무가 줄지어 있었다. 운 좋은 날에는 벚꽃길을 따라 걸어가며 노래를 부르는 가수를 보기도 했다. 가곡을 부르던 그 가수가 MBC 9시 뉴스 시작 전에 나올 때는 괜히 설렜다. 처음으로 원숭이를 본 데도 그곳 작은 동물원이었다. 그곳에 살던 사람들은 닭을 키워 달걀을 팔았다. 엄마는 거기 달걀이 싸고 좋다며 몇 판씩 사다가 삶아 가게에서 팔았다. 가끔 병아리가 되다가 만 '곤달걀'이라는 것도 있었는데, 아저씨들이 몸에 좋다며 즐겨 사먹었다. 인간들이 참으로 잔인하다는 걸 그 모습을 보며 실감했다. 팔다 남은 달걀 덕분에 우리 집에는 찐 달걀이 항상 있었다. 노린내가 날 만큼 찐 달걀을 많이도 먹었다.

1970년대 중후반 서울 외곽지역이었던 우리 동네는 포도원이라는 이름이 무색하게 크고 작은 공장들이 자꾸 들어섰다. 유한양행, 대한전선, 금성통신, 농심, 해태유업, 동남전기, 제일모직 등 공장 굴뚝들이 높이를 자랑하며 올라갔다. 동네 가운데 언덕이 뭉개지고, 집 앞의 논밭이 사라지고 그 많던 포도밭들이 없어졌다. 대신에 사람들이 자꾸 들어왔다. 자고나면 얼렁뚱땅 새 집이 지어졌고 낯선 이들이 모여들었다. 지방에서 올라와 전라도 사투리가 심했던 희숙이네, 류머티즘으로 거동이 불편했던 아저씨와 삼남매가 같이 살던 선미네, 큰언니가 결혼해서 미국이민을 가고난 후 가족들을 초청했다고 모두 미국으로 간다며 들썩이던 옥씨네 육남매, 남편들이 중동으로 떠나 혼자서 아이 키우던 젊은 아낙네들, 공동수도를 쓰던 앞집 셋방 식구들 똘돌이네, 경애언니네, 도식이네, '하상각'이라는 임대업자의 쪽방집 젊은 노동자들. 하물며 그들은 화장실도 공동으로 썼다. 풀깥이라는 곳에 무허가주택을 짓고 살던 이름도 알 수 없었던 사람들까지 원주민들을 몰아내고 이방인들이 주인이 되어버렸다.

우리가 그 동네를 떠난 때는 아버지가 돌아가신 뒤 10년도 더 흐른 뒤였다. 날마다 이곳을 떠야지 떠야지 하면서도 버티던 이유는 무엇이었을까? "오늘 저녁은 국수나 삶지?" 하시던 아버지와의 의리 때문이었을까? 국수를 유난히도 좋아하던 아버지 덕에 엄마는 옻우물 동필네 국수공장까지 가서 국수를 사다 날랐다. 별다른 양념 없이 빠르게 비벼 내주던 국수의 그 빨갛던 색이 지금도 선명하다. 아버지도 엄마도 국수도 이제 더 이상 내 곁에 없다. 몇 년 전 엄마를 잃고 나서 그 동네를 찾았을 때의 아련함은 어디서부터 비롯되었을까? 할머니방에 놓였던 황도복숭아 캔의 달큰한 향내 때문일까? 몰래 다락방에서 꺼내먹었던 인삼꿀단지의 알싸함 때문일까? 크고 높게만 보였던 마을 하천과 뚝방은 작은 산책로 와 실개천이었다. 윗동네 큰 범말도 너무나 작은 동네였다. 지금은 도로명 주소에 번지수도 달라져 흔적 없이 사라져버린 내 고향집. 그 동네에 깃들어 살던 사람들은 다 어디로 가버렸을까?

엄마의 선지해장국

엄마!
불러놓고 몇 분 동안 아무 말도 하지 못하고 있어요. 무슨 말을 먼저 해야 할까요? 잘 지내고 계신지 물어야 할까요? 너무 보고 싶다고, 저의 치기어린 잘못들을 용서해 달라고 빌어야 될까요? 계절의 여왕이라는 5월이 이리 슬프게 다가올지 몰랐어요. 엄마 가신 봄부터 열 번째 5월입니다.

2015년 5월은 제가 곡성에 내려와 산지 4년째였어요. 푸르러 가는 신록, 부처님 오신 날을 앞둔 연등 물결, 찬란한 봄이 절정으로 치닫고 있었지요. 불쑥 내게 오셔서 "큰애야, 엄마 왔다." 하시며 들어오셨지요. 온다는 연락도 없이 뜻밖의 방문이라 너무 놀라고 반가웠지요. 누구보다 부지런하시고 자기관리도 철저하신, 정갈한 파마머리, 살집 없는 몸매, 하얀 얼굴 내 엄마셨지요. 마지막을 예견이라도 하셨던 걸까요? 손녀에게 한아름 선물을 남겨주시고 "또 오마! 그땐 같이 온천여행도 가고 그러자."며 가신 엄마. 기차에 오르는 엄마를 보며 저는 '엄마가 계셔서 참 좋구나, 혼자서 기차 타고 안산서 곡성까지 올 줄도 아시고 참 기특하시네! 이대로 이렇게 가끔씩 오셔서 지내고 가시게 해야겠구나' 마음먹었지요. 그 말을 엄마에게 전했어야 했는데 그러질 못했어요. 돌이켜보면 늘 그랬지요. 마음과는 다르게 차갑게 내던지는 말, 나의 무심함에 얼마나 속상하셨을까요? 그러면 안 되는 거였는데, 내 엄마니까 그래도 괜찮다 생각했어요. 어리석게도.

또 오겠다던 약속과는 다르게 엄마는 의식불명 상태로 내 앞에 나타나셨어요. 등산 가던 날 아침 집 앞에서의 교통사고, 핏기 없는 얼굴 꺼져가는 생명. 아무 말도 남기지 않은 채 다음날 새벽, 영영 돌아오지 못할 길을 떠나셨지요. 황망하다는 말은 이럴 때 쓰는 걸까요? 믿기지 않는 현실, 아버지도 어느 날 갑자기 사고로 아무 말도 없이 떠나셨는데 엄마마저 이렇게 잃다니, 너무 가혹한 현실 앞에서 저는 무너져 내렸어요. 절차에 따라 의식을 치르고 삼우제를 지내고 엄마의 방을 정리했어요. 평소 성격대로 정갈한 살림살이, 군더더기 없는 치워진 옷장, 미리 죽음을 준비한 사람처럼 비워진 서랍, '언제든 떠날 준비를 하고 사신 것처럼 손 갈데없이 사셨구나, 가는 날까지도 우리 힘을 빌리지 않으시는구나!' 터져 나오는 울음이 빈방을 채웠지만 엄마의 빈자리는 그대로 남았어요. 저는 세월이 약이라는 말을 믿지 않아요. 세월이 흐를수록 더 깊어지는 상처도 있으니 말이죠.

엄마!

저에 대한 글을 쓰자니 자연스럽게 엄마 이야기부터 꺼내게 되네요. 나의 시작이 엄마였다는 걸 증명하듯이 말이죠. 기억의 작은 실오라기 하나를 잡아당겨 보면 거기에 달려 나오는 엄마. 이제는 그러지 않아야 하는데, 편안히 엄마를 떠나보내야 하는데 아직도 그러지를 못하고 있어요. 죽은 아버지를 못 놓아드리고 산 엄마를 괴롭히더니, 이제는 엄마를 보내드리지 못하고 있네요. 기일에 앞서 동생들과 엄마 뵈러 갔다 왔어요. 엄마에게 갈 때마다 올케가 방울토마토를 가져와요. 사고 나던 날 엄마등산복 주머니 속 비닐봉지에 담긴 방울토마토 몇 알. 산에 무사히 가셨으면 그걸 드셨을 텐데……. 한 알을 입에 넣고 삼켜보지만 울음이 올라와 삼킬 수 없어요. 언제쯤이면 기쁜 마음으로 엄마를 보러 갈 수 있을까요? 울지 않고 엄마를 기억할 수 있을까요?

내심 잘난 척 하느라 약한 모습 보이지 않으려 애썼지만 엄마는 알고 계셨지요. 우리 큰애가 누구보다 착하고 여리다는 걸. 그것을 감추려고 아등바등한다는 걸. 어느 날 너무 힘들어 하소연하고 싶은데 이야기할 사람이 없어 결국 엄마에게 전화를 걸었지요. 한참을 말을 못하고 전화기를 붙들고 있는데 엄마가 그러셨어요. "왜, 힘들어? 힘들면 힘들다고 말을 해야지, 혼자만 앓지 말고. 내가 엄만데 엄마한테 말을 못하니?" 그 말을 듣는 순간 저는 '그래 엄마가 계셨구나! 나는 왜 엄마에게 말을 못하는 거지.' 하는 자각을 했어요. "아니야, 엄마! 그냥 전화했어." 하고는 전화를 끊었지만 그날 알았어요. 엄마는 그냥 계시는 것만으로도 내게 힘이 되는 존재구

나. 내가 엄만데 하는 말에 벌써 나는 괜찮아졌구나 하고 말이에요.

올 5월은 자주 비가 오네요. 기온도 예년보다 좀 낮고 서늘한 기운이 아직도 있어요. 몸이 제대로 적응을 못해 으슬으슬 춥더니 몸살감기에 걸려 사흘을 앓았어요. 앓고 나니 기운이 하나도 없고 입맛도 없어 엄마가 끓여주던 선지 듬뿍 넣은 해장국 생각이 저절로 났어요. 이곳엔 그런 식의 해장국을 파는 곳도 없고 제가 끓여 먹을 엄두가 나지도 않는 음식이기도 해요. 시뻘건 선지를 자식들 먹이겠다고 사들고 오고, 양과 천엽 손질은 또 어떻게 하신건지……. 지금처럼 손질된 걸 팔던 시절도 아니었는데 말이죠. 저 아래 잠자고 있던 맛의 기억들이 올라오네요. 엄마의 보약 같은 음식들, 시원하고 칼칼한 김치콩나물국, 등산길에 다람쥐처럼 조금씩 주위 모아 쑤어주던 도토리묵, 소래포구까지 가서 사다 무쳐주시던 꽃게무침, 빨강 노랑 초록 색색이 예쁘게 차려내던 해파리냉채, 정갈한 나박김치, 손수 빚어 만든 김치만두, 무와 두부 넣고 끓인 소고기 맑은 탕국, 조물조물 깔끔한 나물반찬. 어느 하나도 허투루 만든 게 없었던 엄마의 음식들. 저도 나름 흉내는 내보지만 그 맛이 날 리가 없어요.

엄마처럼 살지 않겠다고 큰소리치던 딸이 엄마만큼도 못 살아내고 있다는 걸 이제야 깨달아요. 저는 아직도 어린아이처럼 엄마가 필요해요. 어른 흉내는 내고 있지만 버거울 때가 있어요. 그럴 땐 엄마를 생각해요. 우리 엄마는 혼자서 이 어려운 일들을 어떻게 헤쳐 나갔을까? 그리곤 다짐하지요. 엄마라면 이렇게 했겠지 하고. 돌이켜보면 엄마를 사랑하지 않은 건 아니었어요. 엄마마저 잃게 될까 두려웠어요. 그래서 더 엄마의 뜻과는 어긋나게 나가곤 했지요. 그러지 말았어야 했는데, 뒤늦은 후회가 아무런 소용이 없네요. 지난날의 저를 용서하세요. 오늘도 저는 꿈을 꾸어요. 이루어지지 않은 엄마와의 마지막 약속인 둘이 떠나는 여행의 꿈을.

3부

경계에 서다

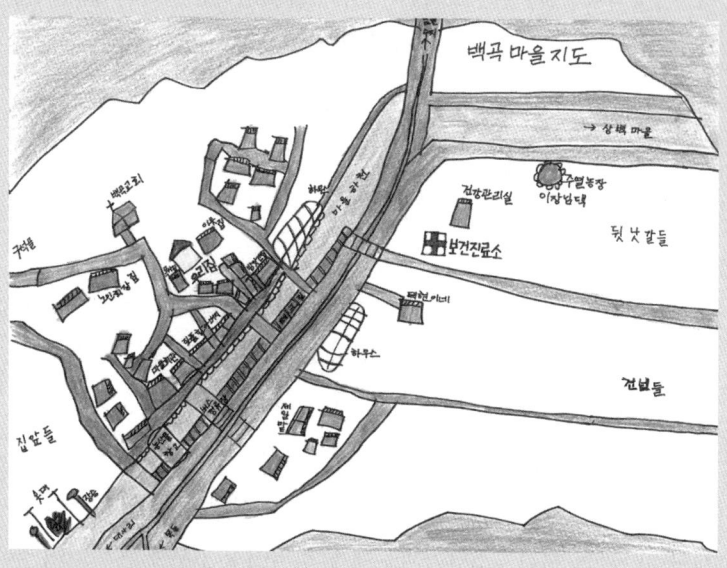

배실마을 지도

안녕! 안녕?

점점 멀어지는 한강을 뒤로하고 새로운 삶을 시작하기 위해 고속도로에 들어섰다. 동서울톨게이트를 지나고 만남의 광장을 지난다. 이삿짐을 실은 5톤 트럭이 뒤따르고 있다. 네 살짜리 딸아이는 "놀러 가는 거야?" 하며 신이 났다. 새로운 삶에 대한 기대와 설렘보다는 서울을 떠난다는 아쉬움과 쓸쓸함이 컸다. 차창 밖으로 획획 지나가는 풍경처럼 20여 년의 서울살이가 하나둘 사라지는 기분이 들었다. 서울이여 이제 안녕!

1991년 11월 10일, 강남구 청담동 원앙예식장에서 결혼식을 올린 우리는 신혼살림을 남편의 사업장 근처인 성동구 성수동에 차렸다. 다음해인 1992년 11월, 첫 아이를 낳았다. 성수동은 영동대교나 성수대교만 건너가면 바로 강남과 연결되는 곳이다. 우리는 서울, 그곳에서도 강남 입성을 꿈꾸며 열심히 살았다. 1995년 역삼동 개나리아파트 재건축조합아파트에 당첨되어 2년 후에는 드디어 꿈에 그리던 강남아파트에 들어갈 준비를 했다. 아들을 강남 8학군에서 키우려면 초등학교 입학 전에 강남에 자리를 잡아야 한다는 강박이 있었다. 그러나 1997년, IMF는 남편의 사업을 휘청거리게 했다. 아파트 입주를 위해 준비해둔 자금을 끌어다 사업을 안정화시키는 데 쓸 수밖에 없었다. 크게 실망했지만 위기상황에서 어쩔 수 없는 선택이었다. 차선책으로 우리는 아이를 위해 성수동보다 주거환경이 좋은 광진구 구의동으로 이사를 했다. 길 건너에 어린이대공원이 있어서 그곳을 놀이터 삼아 아들은 건강하게 잘 자랐다. 지금도 아들은 그 시절이 제일 좋았다고 이야기한다.

당시 명문유치원으로 소문이 자자했던 「현정유치원」에 대기를 타다가 어렵게 아들을 입학시켰다. 노란 가방을 메고 노란 유치원 모자를 쓰고 "유치원 다녀오겠습니다."하며 집을 나서는 아들을 보면 흐뭇한 미소가 가시질 않았다. 나는 혼자만 엄마가 된 것 마냥 기뻤다. 공개수업일에는 누구보다 앞장서서 열심히 하는 아들을 보고 있노라면 천하를 다 얻은 듯했다. 졸업생 중 반 이상이 사립초로 진학하는 유치원이다 보니, 남편과 아이 초등학교 진학문제로 다툼이 생겼다.

"평범하게 동네 아이들하고 같이 학교 다니고 놀고 해야지. 특별하게 키우고 싶지 않아. 나는 시골에서 공부하란 소릴 들어보지도 못하고, 학교 갔다 와서는 일하란 소리만 듣고 자랐는데도 잘 컸잖아?"

남편의 지론이었다.

"시대가 변했어! 난 아들이 우리와는 다르게 좀 더 좋은 환경에서 자랐으면 좋겠어. 그래서 이렇게 열심히 사는 거고, 안 그래?"

나의 반론이다.

"그건 자기가 바라는 거지, 애가 바라는 게 아니잖아? 당신이 원하는 이상형을 아들을 통해 만들고 싶은 거잖아!"

정곡을 찌르긴 했지만 좀 더 치열하게 살지 않는 남편이 원망스러웠다. 결국 아이는 동네에 있는 공립초등학교에 입학했다.

나는 아이를 강남에서 키우지 못하는데다가 사립학교에도 보내지 못한 아쉬움을 보상이라도 하듯 지원을 아끼지 않았다. 헬리콥터 맘이 되어 아들의 일거수일투족을 관리했다. 온순한 성격의 아들은 엄마 뜻에 잘 따라주었다. 초등학교 내내 임원을 했고 전교생 2,000명 가까이 되는 학교에서 당당히 전교회장으로 서울시 교육감상까지 받아왔다. 여기에 더해 과학자가 되겠다며 온갖 과학경진대회에 나가 상을 탔다. 과학기술부장관상까지 수상하니 아이에 대한 욕심이 점점 커졌다. 중학교에 올라가서는 외고를 목표로 삼고 진학지도를 했다. 공부하는 엄마의 모습을 보이기 위해 배움의 끈도 놓지 않으려 했고 지역시민단체에서도 운영위원으로 일하는 등 무진장 애를 썼다. 둘째가 태어나기 전까지는 그렇게 사는 게 정답인 줄 알았다.

2011년 10월 31일, 서울을 떠나 곡성에 도착했다. 조용한 시골 동네에 이삿짐 트럭이 들어오고 사람들이 분주히 왔다 갔다 하자 어르신들이 하나둘씩 모여든다.

"오, 여기 빈 집터에 집지어 이사오는구만."

"이쁜 애기도 있네."
"새댁은 고향이 어딘고?"
짐을 부리고 가구들을 배치하고 정리를 마치니 날이 저문다. 이제 정말 곡성에서 지내게 되었다.
"우리 여기서 몇 밤 자고가?"
딸이 천진한 얼굴로 묻는다.
"이제 여기가 우리 집이야, 다은이집!"
"정말? 난 여기도 좋아."
"여기는 주택이니까 맘껏 뛰어도 돼. 우리 서울에서는 3층이어서 뛰지 말라고 엄마가 자꾸 말해서 미안했었거든. 이제 우리 맘껏 뛰고 재미있게 살자!"
"새로운 집아 안녕? 우리 이제 친하게 지내자."

올해는 내 생일이 없는 거야?

2013년 이제 딸은 우리 나이로 여섯 살이다. 희고 고운 피부에 달걀형 얼굴, 사시교정용 빨간 토마토 안경을 낀 채 양 갈래로 묶은 머리가 앙증맞다.

"엄마, 큰일 났어! 새 달력에 2월 29일이 없어. 올해 내 생일은 없는 거야? 어떡하지."

걱정 가득한 얼굴로 달력을 들여다보던 아이가 울먹이려 한다. 2월 29일에 태어난 딸은 4년마다 오는 생일을 애타게 기다린다. 기다리고 기다리던 2월 29일이 작년에 있었는데 올해 또 없다고 생각하니 슬퍼지나 보다.

"다은아, 2월 29일 아니더라도 생일이 있어. 바로 음력 생일 말이야. 엄마 아빠도 음력으로 생일하잖아? 음력 1월 23일이 다은이 생일이야."

나의 설득에도 딸은 여전히 의문이 간다는 표정이다.

"그럼 올해는 음력 생일로 해야 돼?"

"그렇지, 바로 3월 4일이 다은이 생일이네."

"아니야, 그건 가짜 생일이야. 난 진짜 생일이 좋아."

아직 양력 음력의 개념이 없는 아이가 막무가내로 진짜 생일이 필요하다고 떼를 쓴다. 3월 4일에 커다란 동그라미와 다은이 생일 파티 하는 날이라고 써서 달력을 벽에 걸었다. 한참을 바라보던 아이가
"그날 꼭 파티 해야 돼. 케이크는 뽀로로쵸코케이크로 하고, 알았지?" 손가락 약속을 하고 도장까지 찍고 나서야 활짝 웃는다.

올해 딸은 유치원 다섯 살반을 수료하고 여섯 살반 언니가 된다. 지난 1년간 고달초등학교 병설유치원에 입학해서 우당탕탕 하는 날도 있었지만 잘 지내왔다. 원생은 4명으로 남자 2명 여자 2명이다. 그래도 짝이 맞아 다행이었다. 병설유치원이라는 이름에 맞게 유치원은 초등학교 건물 한쪽 구석에 붙어 있었다. 나름 구색을 맞춘다고 아기자기 꾸며놓은 교실이었지만 햇볕이 잘 들지 않았다. 특히 바깥 놀이터는 유아용 놀이터가 따로 없었다. 위험해 보이는 높이의 철봉과 미끄럼틀만 덩그러니 있었다. 그것마저도 초등학생들과 같이 써야 하는 열악한 환경이었다. 딸이 좋아하는 그네는 아예 없었다. 겨울에는 차갑고 여름에는 뜨거운 쇠로 된 놀이기구는 유아에게 적합하지 않다. 넓은 운동장도 거친 모래흙이라서 달리다 넘어지기라도 하면 크게 다칠 수도 있겠다 싶었다. 유치원은 가족 같은 분위기와 다정한 선생님, 초등학교 언니 오빠들의 보살핌 등 좋은 점도 많았다. 하지만 시설은 개선점들이 자꾸 눈에 띄었다. 유아들에게 맞는 놀이공간을 학교 측에 건의했다. 당장 단독 건물을 지을 상황이 아니었기에 유치원교사(본인도 아이를 키우는 엄마

의 입장에서)의 적극적인 도움으로 운동장 한켠에 복합놀이기구를 설치하기로 했다. 앞에 나서지 않고 뒤에서 조용히 아이만 집중해서 키우겠다던 다짐이 흔들렸다. 그래도 아이를 유치원에 내려주고 출근하려면 울컥울컥 올라오는 감정들이 있다. 하루하루 조바심을 내며 생사의 고비를 넘나들던 아이가 이제 건강하게 유치원에 다니고 있다는 사실이 감격스럽다. 아이로 인해 세상을 바라보는 시각이 조금씩 바뀌어가고 있었다.

곡성에서의 시간은 천천히 흐른다. 1시간을 넘게 기다려야 읍에 나가는 군내버스를 탈 수 있다. 처음에는 군내버스라는 말이 입에 붙지 않고 어색했다. 온 마을을 도는 동안 허리 굽은 할머니와 귀가 어두운 할아버지들이 탄다. 버스는 재촉하지 않는다. 자리에 앉을 때까지 또 기다려준다. 서울이라면 상상하기 힘든 일이다. 자리에 앉은 할머니들은 서로의 안부를 묻는다. 비슷한 말투, 비슷한 원색의 옷차림, 비슷한 파마머리모양, 오랫동안 같은 지역에 살다보면 다 똑같아지는가 보다.
"하동떡 어디강가?"
"읍에 안 가요. 병원 가서 물리치료도 받고 약도 타고 해야지라."
"어디가 안 좋아서 그라요?"
"허리, 다리 안 아픈 디가 없어라."
"일은 그만큼 함서 안 아프길 바란단가. 나는 이제 일 안 할라요. 몸써리 나게 했응게 이제 그만 쉴라고."
"퍽이나 쉬시것소. 대천떡, 일하던 사람이 쉬면 더 아픈 법인디."

설왕설래가 계속 이어진다.

"어, 그 할망구들 버스 전세 냈당가, 좀 조용히들 하소."

대화에 못 끼어드는 할아버지가 지청구를 준다. 그래도 할머니들은 꿋꿋하다. 들은 체 만 체 이야기를 이어간다. 듣는 사람과 상관없이 서로 자기 이야기를 한다.

"대동떡 손지가 서울 무신대학에 붙었다더만."

"유전떡은 겨울에 넘어져 가꼬 여태 서울 아들집서 요양하는디 날씨 풀리면 내려온다지잉."

어쩜 저렇게 화수분처럼 이야기가 끝이 없는 걸까? 나도 모르게 귀동냥을 하다보면 어느새 읍이다.

곡성에선 시간의 흐름을 온몸으로 받아들이며 산다. 산과 들과 사람들이 눈으로 코로 귀로 입으로 모든 감각을 다 동원하게 만든다. 골짜기마다 들어가 생면부지의 사람들을 만나고 그들의 이야기를 들으며 새로운 세상을 알아간다. 아직도 너무 낯설어 '여긴 어디? 나는 누구?' 하는 질문에 맞닥뜨릴 때도 있다. 익숙하지 않은 길에 잘못 들어서 헤매기도 한다. 좁다란 골목에서 후진을 하다 들이받기도 한다. 덕분에 차는 찌그러지고 깨진다. 이곳이 아니라면 시도해보지 못했을 일들을 돈키호테와 로시난테처럼 달려든다. 내게도 이런 용기가 있었다니······.

2011년 10월 31일에 곡성에 내려와 겨울의 혹독함 속에서 2012년을 맞았다. 온전히 사계절을 보내며 봄꽃의 화려함에 놀라고 여름의 땡볕 더위에 놀라고 가을 황금들녘의 넉넉함에 놀라고 이제는 겨울이 혹독하지만은 않음을 배워가며 새롭게 2013년 새해를 맞았다.
"올해 내 생일은 없는 거야?"
아이가 순수함을 잃지 않고 클 때까지 지켜나가야겠다.
올해는 어떤 일들이 벌어질까?
아이처럼 내 마음도 순수해지고 있다. 곡성이 나를 그렇게 만드는 중이다.

다르다는 건 아시죠

"다은이 어머니 되시죠? 여기 고달초 병설유치원이예요. 저는 교사 ○○○입니다."

친절함이 잔뜩 묻어나는 목소리다. 직업적으로 훈련된 목소리에 가깝다고 느껴진다.

"다은이 유치원생활과 관련되어 말씀드릴 게 있는데, 한번 방문해주시면 좋겠습니다."

드디어 올 게 왔구나. 어려움이 있을 거라고 짐작은 하고 있었지만 직접 전화를 받고 보니 당면한 문제라는 생각이 바짝 든다. 학기 초 상담은 늘 긴장된다. 우리 아이의 결핍이 드러나는 게 좋을 리가 없기 때문이다. 마음을 다잡고 방문 날과 시간을 약속하고 전화를 끊었다. 우리 가족에게는 더할 나위 없이 이쁜 아이지만 유치원이라는 작은 사회에서는 삐그덕 거릴 수 있다. 딸은 기질적으로 까다롭고 예민하다. 태생적인 어려움 때문인지 과잉행동과 주의집중도 문제가 있다. 대소근육활동이 다소 어려워 운동능력이나 세밀한 작업에 어려움도 조금 있다. 상담내용을 정리하다보니 인정하고 싶지는 않지만 인정해야 할 게 많아 보인다. 받아들이기로 작심하고 있었지만 외부인으로부터 지적을 당했을 때는 불편한 감정들이다. 그래서 외면하고 있었는지도 모르겠다.

"선생님!"
어색함을 조금이라도 줄여보고자 목소리 톤을 높여 인사를 한다,
"다은이 어머니시구나, 어서 오세요."
짧은 숏커트 머리에 단정한 옷차림이 경쾌하다. 경험이 많아 보이는 어투와 태도가 경력 있는 교사임을 짐작하게 한다. 우리는 상투적인 인사말을 건네고 이내 교사와 보호자라는 관계로 들어가 이야기를 나눈다.
"어머니, 다은이 그림이에요."
유치원 버스 그림이다. 흐릿한 윤곽선에 분홍색을 칠한 자유분방한 그림이다.
'뭐가 잘못된 거지? 이맘때 아이들 그림이 다 그렇지 않나? 요즘 핑크공주에 흠뻑 빠져있어서 버스도 핑크로 그린 것 같은데…….'
나는 마음속으로 드는 의문을 말하고 싶지만 일단 참는다.
"다르다는 건 아시죠?"
교사가 다른 아이들 그림을 내어놓으며 비교해 보길 권한다. 비교적 선명한 노란색에 윤곽선도 뚜렷하다.
"아, 네. 그러네요."
마지못해 대답은 했지만 뒷맛이 씁쓸하다. 아이들 그림이 다 똑같아야 한다는 법칙이라도 있나요? 반문하고 싶어지는 걸 또 한 번 꾹 참아본다.

"제가 특수쪽 공부도 했기 때문에 그래서 말씀드릴 수 있는데요. 다은이를 위해서 도움이 되는 게 무엇일까 고민을 해봤습니다."

"그러셨군요. 감사합니다. 좀 특별한 데가 있는 아이라 힘드실 걸 알면서도 외면하고 있었네요. 죄송합니다."

"그래서 실무사 배치를 신청할까 합니다. 다은이가 겪는 어려움은 옆에서 조금만 도와줘도 크게 개선될 수 있거든요. 어머니 생각은 어떠세요?"

이미 결정해 놓고 형식상 나의 의견을 묻고 있구나 하는 것쯤은 짐작이 간다.

"그렇죠. 여러 가지로 어려운 점이 많으실 거예요. 더군다나 올해는 입학생이 갑자기 늘어나 10명이나 되고 선생님께서도 새로 오셔서 준비할 것도 많으실 테고……."

아이반 원생들 구성을 보면 다문화가정(중국, 일본, 베트남), 조손가정 등 어려움을 겪는 아이들이 반 이상이다. 여기에 다은이의 비협조적 태도 등이 겹쳐 아수라장이 벌어지고 있는 듯하다. 대책이 필요한 게 확실해 보인다.

"다은이를 위해 고민하고 결정하신 일일 테니 아이에게 도움이 된다면 그렇게 해주세요."

상담을 마치고 돌아서는 발걸음이 가볍지가 않다. 우리 아이만 생각해서는 안 되겠지. 다른 아이들의 교육, 학습권도 보장해주어야 하는 거니까. 그것이 결국 내 아이를 위한 길이기도 하니까. 유연하게 생각하기로 해보지만, 그래도 결국은 내 아이가 일반적이지 않다는 걸 인정해야 한다는 사실이 낙인처럼 가슴에 와 찍힌다. 아프다. 자유로운 영혼인 아이에게 규칙을 잘 따라야 한다는 게 얼마나 가혹한 일일까? 감각이 예민해 온갖 소리와 빛과 사물들이 쏟아져 들어오는 아이에게 그것들을 하나씩 걸러내서 보고 듣고 생각해야 한다고 강요하는 게 옳은 일일까?

뛰고 달리고 만져봐야만 하는 아이에게 가만히 있으라는 말은 고문과도 같다. 조금은 다르게 자기 속도대로 가는 아이에게 평균적으로 보통 아이와 똑같이 가라고 해야 하는 현실이 답답하다. 아이에게는 은유법과 계획의 변경이 괴로움이지만, 우리는 아이의 고함과 그에 따르는 일들이 괴로움이다. 다르다는 게 틀린 게 아니라고 말들은 하지만 현실의 벽 앞에서는 무너져 버린다. 자유롭게 키우고 싶어서 시골 작은학교를 찾아왔는데, 여기도 낙원이 아니라 치열한 세계의 축소판이라는 말인가? 아이를 억압하고 싶지 않았고, 경쾌하게 받아들이며 나는 법을 배우도록 돕고 싶었다. 하지만 아이가 날아가 버리려 할 때 나는 무얼 해야 할까? 손이 많이 가는 아이를 얼마나 엄격히 대해야 할까? 얼마만큼의 자유를 주어야 할까? 정상과 비정상의 경계에 서있는 딸을 지켜보며 나는 시선을 어디에 두어야 하는 걸까? 다르다는 걸 어디까지 인정하고 받아들여야 할까? 고민이 깊어간다. 서글픔이 올라온다.

'우리가 뒤바뀐 세상에서 살게 된다면 어떤 일이 벌어질까? 모두가 장애를 가지고 태어나는 세상. 사회 전체가 개개인에 맞추어 완벽하게 계획되고 짜여 있다. 그런데 이런 세상에 비장애인 아이가 태어났다. 뒤바뀐 세계에서 이 아이는 장애인으로 살아가야 한다. 사회구성원으로 받아들이기 어려운 아무 쓸모없는 장애인으로. 정상과 장애 서로의 입장이 뒤바뀐 세상이라면…….'*

『뒤바뀐 세계』의 저자 빅토리아 그롱댕이 던지는 질문을 나에게 해본다. 답을 찾을 수 없다. 우리는 항상 바라보는 기준이 다르다. 자기와는 뭔가 다를 때에도 그런 것들은 '그냥 그런' 게 아니다. 각자의 세상은 서로 다른 모습을 갖고 있다는 걸 쉽게 잊는다. 나도 그렇다.

---

* 『뒤바뀐 세계』, 빅토리아 그롱댕, 한울림스페셜, 2023. 세실가농상 수상, IBBY 장애청소년을 위한 책 선정.

난 특별한 게 싫다니까요

특별하다는 건 무엇일까요? 특별하다의 사전적 의미는 보통과 구별되게 다르다, 라고 설명하고 있네요. 그럼 보통이란 어떤 걸까요? 특별하지 않고 흔히 볼 수 있음, 또는 뛰어나지도 열등하지도 아니한 중간 정도라는 뜻입니다. 그럼 그것을 나누는 경계는 무엇일까요? 경계에 서 있다는 건 어떤 것일까요? 내 아이가 특수교육 대상자 평가를 받은 후 심사를 받는 과정에서 드는 의문이었어요. 그것을 자연스럽게 받아들여야 하는 일련의 과정들을 지내며 특별하다는 게, 다르다는 게 무엇인지 답을 스스로 찾아야 하는데 막막하기만 했어요. 소란스러움 속에 유치원을 졸업한 아이가 초등학교에 입학하게 되자 그 문제는 더 심각하게 우리에게 다가왔어요.

우리 아이의 특성은 우선 위와 아래로 뛰는 행동을 반복하는 것이었어요. 근육이 어떻게 늘어나는지, 관절이 언제 어떻게 구부러지고 펴지는지를 느끼는 전정감각, 고유수용성감각은 모태 내의 태아 후기에서 발달한다는데 그런 걸 발달시켜야 할 시기에 일찍 세상으로 나와 인큐베이터에 있었으니 어려움이 있을 수밖에 없을 거라 짐작되었어요. 또 조금이라도 불안한 장소나 높은 곳에 대한 두려워하는 중력불안이 있었어요. 우리는 아이의 이런 점을 줄여주기 위해 몸을 충분히 움직이게 했어요. 여러 가지 경험을 제공해주려 산이나 계곡에서 많이 놀 수 있게 했어요. 걸을 때 나타나는 까치발은 스스로 발을 세움으로 느껴지는 발의 감각을 즐기는, 각성수준을 조절하려고 무의식적으로 행하는 행동이라는 걸 알고 트램폴린 위에서 많이 뛰도록 했어요. 옷이 젖거나 더러워지는 것에 민감해서 몇 번씩 옷을 갈아입혀야 했고 끈적거리거나 질퍽한 감촉을 싫어해 만들기 작업 등이 어려웠어요. 빛과 소리에도 예민해 자주 거부반응이 왔으며 관계가 서툴러 오해를 불러일으키는 일도 잦았지요. 오리고 자르고 붙이고 하는 공작놀이를 하기도 힘들었지요. 큰 공 주고받기가 되지 않고 풍선을 사용해서 받거나 공중으로 쳐올리는 동작이 제대로 되지 않았어요. 그러다 보니 친구들과 함께 노는 게 어려울 수밖에 없었지요. 하고는 싶은데 제대로 수행이 안 되니 아이는 짜증이 올라오고 다른 아이들을 방해하는 문제가 자주 나타나 곤란했어요. 단추 채우기 신발끈 묶기 세밀한 손작업도 눈과 손 뇌의 협동작업이 이루어져야 하는데 어려워했어요. 자기 물건에 대한 강한 집착을 보이지만 정리정돈이 되지 않아 잃어버리는 경우도 많았어요. 특히 교실 내에서 주의 집중이 안 되고 안절부절 왔다 갔다 하는 문제가 가장 컸어요.

산적한 문제들 앞에서 힘든 날도 많았지만 그래도 아이는 아프지 않고 잘 자고 잘 먹고 해서 그것만으로 충분하다고 생각했어요.

문제를 줄여주기 위해 애쓰면서 조금씩 나아진 점도 보였기 때문에 자라면서 좋아질 거라는 믿음을 가지고 있어요. 우리는 조금 더 확장된 사회인학교에 들어가야 하는 아이를 위해 입학 전에 전반적 발달검사(풀밧데리검사)를 진행했어요. 검사 결과는 '경계에 있다'는 판정이었어요. 이쪽도 저쪽도 아닌 경계에 있다는 말이 얼마나 혼란스럽던지요. 이 아이를 어떻게 교육시키고 도와야 할지 답을 찾아야 했어요. 우선 학교 측에 특수반 설치를 요청했어요. 교육청의 도움으로 어렵게 학교에 도움반이란 특수교실을 만들었지요. 일반반에서 아이들과 지내다 어려운 상황이 생기면 아이가 도움반으로 내려가 특수교사의 도움을 받아 안정되기를 바랐어요. 하지만 아이가 이를 거부했어요.

"난 특별한 게 싫다니까요! 그냥 친구들하고 있을 거란 말이에요."

혼자만 분리되어야 하는 상황을 여덟 살 아이가 받아들이기가 쉽지는 않았을 거예요. 참으로 난감했지요. 학교 측이나 이를 지켜보아야 하는 엄마로서나 이게 과연 아이를 위한 최선일까? 고민의 연속이었지요.

어느 날은 본인이 자청해서 "도움반에 갈래요." 하는 날도 있는데 풀이 죽은 아이를 보는 게 기쁘지 않았어요. 내 아이를 사지로 몰고 있는 게 아닐까? 하는 죄책감이 들었어요.

하루는 말없이 사라진 아이를 찾느라 학교 전체가 난리가 나기도 했어요. 원반에서도 도움반 교실에서도 자기 자리를 찾지 못하던 아이가 어디로 갔을까요? 아이는 이곳저곳 돌아다니다 결국은 도서실에 가 있었어요. 다행스럽게도 아이는 책 보는 걸 좋아했고 도서실에서는 안정된 모습을 찾을 때가 많았거든요. 모두 혼란한 상황 속에서 조용히 하루를 보내는 게 그날의 소원이 되어 버리곤 했어요. 그럴 때면 저는 얼음물을 뒤집어 쓴 사람처럼 온몸이 차갑고 축축한 기분이었어요. 하루 종일 학교라는 닫힌 세상에서 힘들었던 아이가 집에 와서 지칠 대로 지친 모습을 보일 때는 안타까웠지요. 이 모든 게 엄마 탓이야 너를 건강하게 낳아주질 못해서 힘들게 하는구나 자책을 했어요. 이런 자책이 아무런 도움이 안 되는 줄 알지만 원죄로부터 자유로워지기도 쉽지 않은 일이었어요.

사람을 치료한다는 게 사람을 물병으로 바꾸는 것만큼 비현실적인 일일지도 모르겠어요. 병원으로 상담실로 미술치료실로 아이를 끌고 다니면서 조금이라도 도움을 주고 싶었지만 아이는 조금 좋아지는 듯하다가도 다시 문제 상황을 일으키는 일이 반복되었어요. 그러다가 아이의 부족한 점을 메꿔주기보다 강점을 살려주자는 생각을 하게 되었어요. 글자를 읽고 쓰는데 전혀 문제가 없었고 오히려 더 뛰어나기도 했으니까요. 받아쓰기 시험도 100점을 받아올 때가 많았어요. 책을 좋아해서 가까이하고 있다는 것도 긍정적인 신호였지요. 돌이켜 보니 저도 초등학교 5학년 때까지 줄넘기를 못했었던 기억이 나네요. 학교에서 체력검사를 하는데 그 표본으로 제가 뽑히는 바람에 어쩔 수 없이 줄넘기를 해야 했는데 그때까지 줄넘기를 해본 적이 없었던 제가 줄넘기를 10번인가 해야 하는 상황을 어떻게 넘겼을까요? 연습 또 연습! 일정기간 연습을 하다 보니 어느 날 뛰어넘기에 성공했었어요. 그 경험을 바탕으로 우리는 도전을 하기로 했어요. 하루에 한 가지씩 줄 넘기기, 그 다음 다리 넘기기, 이어 하나 넘기, 그 다음날은 두 개 넘기, 하루하루 하다 보니 조금씩 넘길 줄 알게 되고 따로따로 놀던 팔과 다리를 호흡에 맞추어 넘기기 시작했어요. 그렇게 1년 가까이 연습한 결과 드디어 줄넘기에 성공. 횟수를 늘려나갔지요. 그래요. 안 되는 건 없어요. 다만 조금 느리게 갈 뿐이에요 아이들의 뇌는 가역성을 가지고 있기 때문에 손상을 받은 부분을 다른 부분이 보충하려는 힘을 가지고 있어 적절한 도움과 치료가 중요하다고 해요. 조금 눈치가 없고 자기가 정한 규칙대로만 움직이려 하는 획일적인 모습이 있지만 세상에 대한 왕성한 호기심, 직접 몸으로 부딪혀서 알아내고자 하는 과감성, 풍부한 상상력! 우리 아이가 가진 장점도 얼마든지 있거든요. 부족한 것들을 채우고도 남을 만큼.

고달파서 고달인 건가

햇수가 지날수록 기억은 희미해지고 지난날은 추억이 되어 남기도 한다. 낯선 곳에서의 새로운 삶은 홀로 떨어져 있다는 고독감이 밀려오지만 다른 사람들로부터 오는 관심과 압박에서 해방되는 쾌감을 주기도 한다. 밀물처럼 쏟아져 들어오는 예기치 못한 일들이 벌어지는 통에 그저 하루살이처럼 하루하루 버티는 게 일상이 되기도 한다. 그 중에서도 2013년 가을에 일어난 남편의 교통사고는 끔찍한 흉터를 남긴 일이었다. 밤이 깊어 가는데 연락이 없는 남편 때문에 속이 타들어가고 있었다. 아이를 재우고 누웠는데 전화벨이 울린다. 불길한 예감은 틀리지도 않는다.

"제수씨, 놀라지 말고 얼른 준비하고 나와야 쓰겠는데……."

우리가 이 마을에 터를 잡고 이주해 올 수 있도록 도움을 많이 준 남편의 친구에게서 온 전화였다. 그도 자다 나왔는지 잠옷에 점퍼만 걸치고 나온 상태였다. 놀라지 말라는 말은 놀랄만한 일이 벌어졌다는 이야기라는 걸 경험으로 알아차렸다. 주섬주섬 옷을 걸치고 나갔다.

"지금 S병원 응급실에 있다는데, 나도 가봐야 어떤 상황인지 알

수 있겠는데…… 연락받고 급하게 온 거라서……."
 말을 얼버무리는 사람에게 더 이상 묻기도 어려워 나는 침만 꼴깍 삼켰다. 어두워진 밤길을 불안한 마음으로 내려가다가 길가에 완전 종이짝처럼 찌그러진 채 처박힌 차가 보였다. 침착하게 대처하자고 굳게 다짐했지만 저 정도로 차가 망가진 거면……. 머릿속이 하얘진다.
 "그래도 사람은 괜찮겠지, 일이 났으면 말이 있을 건디……."
 위로 차 건네는 말에 울음이 터지고 만다.

 정신을 차리고 보니 병원이다. 응급실 침대에 누운 남편이 고통스러워하고 있다. 여기저기 긁힌 상처와 피가 묻은 찢어진 옷이 처참하다. 어떻게 무슨 일부터 처리해야 할지 모르고 서성이는데 골절에 대한 수술이 필요하니 광주로 이송한다고 한다. 응급차를 불러 J대학병원 응급실로 달렸다. 처음 겪어보는 일들이라 어설프기만 한데다 도움을 요청할 사람도 없다보니 혼자서 이리 뛰고 저리 뛰었다. 응급수술에 들어간 남편은 윗눈꺼풀 안쪽이 찢어져 꿰매야 했고 갈비뼈가 두 대나 부러지고 골반뼈도 나갔다. 천만다행으로 부러진 뼈가 폐를 찌르지는 않았고 골반뼈 골절도 수술 후 회복이 가능하며 걷는데 지장이 없다는 설명에 겨우 안심할 수 있었다. 밤샘 수술 후 새벽녘에 회복실로 옮겨진 남편을 보고 있자니 피곤이 몰려왔다. 시골로 내려오기 싫다는 사람을 억지로 끌고 와 이 사단이 난 걸까? 서울 가족들에게 연락을 해야 하나? 집에 남은 아이를 할머니에게 부탁하고 나왔는데 제대로 등원은 시켰을까? 어쩌서 내게 이런 끔찍한 일들이 생기는 거지? 열심히 산다고 산 죄밖에 없는데……. 온갖 상념들이 몰려왔다. 여기저기서 웅성웅성 들리는 진한 남도사투리가 사람을 더욱 혼란스럽게 했다. 조심하지 않고 사고를 만든 남편이 원망스럽기까지 했다. 마취에서 깨어난 남편의 표정이 통증으로 일그러진다. 전신이 미라처럼 붕대에 감겨 있다. 다리는 움직이지 못하게 추를 매달아 놨다.
"힘들지? 미안해……."
입을 뗀 남편의 첫 마디다
"뭐가 미안해, 미안하면 이런 일을 만들지 말았어야지."
원망이 섞여 말이 좋게 나오질 않는다. 그리고 이내 후회가 밀려온다. 죽다 살아난 사람에게 할 소리는 아니지 싶다.
"의사 지시 잘 따르고 회복할 생각만 해."
위로한다고 건넨 말이 차갑다.
"다은이는?"
와중에 딸이 걱정되나보다.
"어머니한테 부탁해 놨어. 애아빠가 조금 다쳐서 광주 병원에 왔으니 집에 가셔서 애 좀 봐달라고……."

그 후 한 달 정도 입원하고 치료를 받은 남편은 동네 병원에서 재활과 함께 회복에 힘썼다. 6개월 후에는 보조기구 없이 걸을 수 있게 되었다. 이후 나는 트라우마에 걸려 남편이 조금만 늦어도 불안하고 긴장이 되어 일이 손에 잡히지 않았다. 늦게 들어오는 날에는 결국 감정이 격해져 싸움을 했다.

"자기는 그렇게 큰 사고가 나서 다치고 힘들었으면 조심 좀 하고 다녀야지. 뭐 하느냐고 이렇게 늦게까지 돌아다녀?"
"내가 어린 애야? 걱정 말라고, 내 몸은 내가 알아서 하니까."
감정싸움으로 번지고 만다. 아무리 부부대화법을 익히고 마음 다스리기를 해도 힘든 게 부부관계다. 아이들에게는 잘 참던 일도 남편에게는 화를 내게 된다. 나를 보호해주길 바라는 마음이 크게 작용하기 때문이다. 아버지처럼 일찍 떠나게 될까 불안해하는 마음이 아직도 나를 놔주지 않고 있다.

딸아이는 그때의 사고를 자기 생일파티와 함께 기억한다.
"아빠가 병원에서 내 생일파티 한 거 기억나? 나 일곱 살 땐가 아빠 다리에 붕대 감고 있을 때 말이야. 그때 아빠가 인형 선물해줘서 진짜 좋았거든. 내가 아빠 다리 빨리 낫게 해달라고 뽀뽀해줬잖아."
나는 그때의 시간이 너무 힘들고 외로웠는데, 그나마 아이들에게 상처로 남지 않아서 다행이다. 아들도 대수롭지 않게 여기고 대처했다.
"엄마가 아빠를 조금만 이해해줘요. 아빠도 사고가 나고 싶어서 난 건 아니잖아."
그런 힘이 어디에서 나왔는지 나도 모르겠다. 어른이 된다는 게 이렇게 고달픈 일인가? 누군가 물었다.
"고달파서 고달인 건가?"
나는 대답했다.
"아니요, 고소하고 달콤해서 고달인 거죠."

그래도 해피엔딩이면 되잖아

인생의 희로애락, 비켜가고 싶지만 결코 비켜갈 수 없는 일들이다. 기쁘고 즐거운 일들만 계속되길 바라지만 우리 곁에는 화나고 슬픈 일들이 끊임없이 일어난다. 제우스가 부여한 선물이자 저주인 호기심 때문에 프로메테우스의 집에 있던 상자를 열어버린 판도라 때문이었을까? 인간세계에 질병, 재앙, 분노, 질투 등 모든 악의 근원들을 퍼지게 한 최초의 여자인 그가 얼른 뚜껑을 닫았기 때문에 상자 안에는 희망이 남아 있다니, 우리는 시련이 있더라도 견디고 살아갈 수 있는 것일까? 신화 속 이야기가 아니더라도 내일의 희망은 우리를 살아가게 하는 힘인 건 분명하다.

남다른 성장과정을 겪고 있는 아이와 좌충우돌 하는 것도 버거운데 남편의 교통사고, 친정엄마의 갑작스런 죽음 등 예기치 않은 일들이 연달아 일어났다. 외롭고 쓸쓸한 마음을 달랠 길이 없을 때 친구로부터 톡이 왔다.

마음이 지쳐서 기도할 수 없고
눈물이 빗물처럼 흘러내릴 때
주님은 우리 연약함을 아시고
사랑으로 인도하시네
누군가 널 위하여
누군가 기도하네
네가 홀로 외로워서
마음이 무너질 때
누군가 널 위해 기도하네

「누군가 널 위하여」

버스터미널에 앉아 펑펑 소리 내어 울었다. 다 지켜보고 계시는 구나. 나는 혼자가 아니었구나. 그날 이후 나는 힘을 내어 좀 더 신앙생활에 충실하려 했다. 틈틈이 묵상 글을 읽고 주일미사에 참례했다. 아이가 주일학교에 재미를 붙이고 활동할 수 있도록 도왔다.

주일학교 아이들과 함께 떠난 2017년 8월 제주도 순례길은 신앙생활의 초보자인 나와 딸에게 깊은 울림을 주기에 충분했다. 8월 중순의 제주는 생각보다 뜨거웠다. 야자수가 인상적인 고산성당에서 출발한 일행은 초등부 5명, 중고등부 3명, 수녀님과 봉사자 4명, 부모 2명, 모두 15명이었다. 순례길은 11.5km, 3시간 이상 걸어야 하는 코스였다. 바다와 섬, 포구와 산, 그리고 무엇보다 성 김대건 신부와 순교자들의 자취를 따라 걷는 길이었다. 오전에 출발했는데도 제주의 밭과 도로를 걷자니 땡볕에 얼굴이 달아오르며 땀이 찼다. 지루해질 무렵 갑자기 한눈에 담기도 부족한 푸르고 넓은 바다가 나타났다. "와아, 바다다!" 하는 함성이 여기저기서 터져 나왔다. 지금까지 쌓인 피로가 시원한 바닷바람에 씻겼다. 자구내포구까지의 해안 산책로는 '엉앙길'이라 불린다. 왼쪽으로 차귀도가 오른쪽으로는 화산이 만든 신비로운 지질트레이절벽이 조화를 이뤘다. 해풍에 맨몸을 드러낸 한치(처음엔 오징어인 줄 알았다)가 포구 곳곳에 걸려 펄럭였다.

"돌고래다! 돌고래가 나타났다."

땀을 식히던 아이들이 소리쳤다.

"어디, 어디?"

저 멀리 빼꼼이 머리를 내민 돌고래가 보였다. 돌고래까지 보다 보니 아이들이 흥분했다. 집에 가서 엄마에게 자랑한다며 아우성이다. 그런 아이들을 지켜보는 어른들도 덩달아 신이 났다. 이내 우리는 다시 길을 나섰다. 자구내포구에서 용수포구를 거쳐 용수성지에 닿으려면 당산봉이라는 언덕길을 오르내려야 했다.

"나, 다리 아파. 더 이상 못 걷는다고. 이렇게 더운데 걷다가 열사병 걸리게 생겼다고."

울고불고 투덜거리는 딸아이를 어르고 달래며 앞에서 끌고 뒤에서 밀며 용수성지까지 어렵게 어렵게 도착했다. 성 김대건 신부 제주표착 기념성당의 등대모양 종탑은 어둠 속에서 빛을 비추는 교회와 성인을 상징하려는 듯 높이 솟아 있었다. 성지 마당 작은 연못에 복원된 라파엘호는 김대건 신부가 타고 오던 배와는 달리 거친 풍랑에도 견딜 것처럼 튼튼해 보였다. 우리가 걸어온 길이 한눈에 보이는 옥상에 올라 수월봉, 자구내포구, 당산봉, 차귀도를 담아보았다. 다시 목적지인 신창성당까지 남은 4.8km를 더 걸어야 한다는 말에 딸은 울상이 되었다.

"우리 도착한 거 아니었어요? 발에 물집 생겨서 못 걷는다고요."

"그럼 너 혼자 두고 간다."

반 협박으로 먼저 출발한다고 나서니 울면서 따라왔다. 커다란 풍차가 운치를 더하는 해안도로를 다시 걸었다. 180km의 일주도로 중 가장 아름답다는 길이다. 풍경에 취해 드디어 도착지인 신창성당에 도착했다.

"야호, 도착이다!"

힘들지만 모두 무사히 도착해 저마다 해냈다는 충만함으로 행복한 미소가 떠나질 않는다.

"힘들었지만 그래도 해피엔딩이면 되잖아?"

나의 물음에 딸이 답한다.

"맞아, 오늘은 해피엔딩이야."

한 뼘 더 자란 듯한 딸이 자랑스럽다. 숙소로 돌아오는 길에 아이들을 협재해수욕장에 내려줬다. 물 만난 물고기가 따로 없다. 텀벙텀벙 바다로 뛰어 들어간 아이들은 바다와 한 몸이 되었다. 해수욕을 마친 뒤 딸은 이런 시를 지었다.

  예수님 만난다고
  떠난 순례길

걸어도 걸어도
예수님은 못 만나고
해수욕만 실컷 했다

김다은, 「순례길」

그렇게 부모가 되어 간다고?

부모 역할은 배울 수 있는가? 아이를 키우며 계속되는 질문이었다. 좋은 부모가 되려고 애쓰면 애쓸수록 답을 찾기 어려웠다. 둘째 아이를 낳고는 다르게 보고 다르게 듣고 다르게 생각하려 했지만 원래 내 습성대로 돌아가곤 했다. 남다른 아이를 키우려면 이전과는 다른 방법이 필요했지만 내 부모로부터 내려오던 관습들을 끊어내기가 쉽지 않았다. 감정적으로 무척이나 예민한 아이 앞에서 무력함을 느낄 수밖에 없었다. 크면서 차츰 좋아지겠지, 하며 희망회로를 돌리고 긍정적으로 생각하면서도 지속되는 문제 앞에서 좌절했다. 아이를 위한 최선의 방법은 무엇일까? 고민을 거듭하던 중에 아이가 5학년 가을 첫 생리를 시작했다.

우리는 아이의 성장이 반갑기도 했지만 한편으로는 아이가 잘 받아들이지 못할까봐 전전긍긍했다. 나는 예쁘게 포장한 생리용품과 『너의 사춘기를 응원해』라는 책을 기념 선물로 챙겼다. 아빠는 장미꽃다발과 케이크로 축하를 했다. 정서적으로 어리기는 하나 육체적 성장은 일반 아이들과 같았기에 자연스럽게 받아들이고자 했다. 이론적으로는 알고 있지만 실전에는 약한 아이는 당황스러워했다. 예민함이 폭발해 감각붕괴현상까지 나타났다.

아이의 분노발작에 선생님들도 당황했고 아이는 자기가 원하는 걸 제대로 설명해내지 못해 상황을 더 악화시켰다. 상대방이 더 격한 반응을 보이면 아이는 입을 다물고 대화 기피로 이어졌다. 서로를 이해하지 못해 오해가 생기는 일이 잦았다. 아이는 갈등이 진행되는 상황에서 상대방이 큰소리를 지르면 그 이후로는 아무런 소리가 들리지도 않고 생각을 진행할 수도 없다고 한다. 상대방이 뭐라고 하는데 제대로 들리지 않고 말도 나오지 않아 행동도 못하고 울기만 한다. 결국 감각처리상에 작동이 멈추는 붕괴현상을 거치며 자신을 보호하기 위해 소리를 지르며 격하게 행동하고 통제불능 상태가 된다.

우리는 희망회로 돌리는 것을 멈추기로 했다. 지속되는 문제들 앞에서 최선의 방법을 고민하다 결국 병원에서 진단을 받고 약물치료를 시작했다. 진단명은 'ADHD를 동반한 경계선지능'이라는 검사결과였다. 진단 이후 나는 관련된 책을 수시로 찾아서 읽었다. 아이를 이해하고 돕기 위한 감각통합 Q&A, 고기능 자폐 스펙트럼 장애 부모 가이드, 비언어성 학습장애의 이해, 비언어성 학습장애 아스퍼거증후군, 산만한 우리아이 어떻게 가르칠 것인가? 경계성지능 아이의 정서사회성 등등 내가 할 수 있는 것들을 찾아 열심히 도우려 했다. 처음 반응은 긍정적이었다. 주위에서도 다은이가 조금씩 좋아지고 있다고들 했다. 여기에 우리는 심리치료와 놀이치료를 병행했다. 하지만 조금 좋아지는 듯했던 아이가 어느 날 갑자기 나빠져서 모두를 당황시키곤 했다. 그러나 아이는 삐거덕 거리면서도 한 단계씩 성장을 계속했다.

2019년 말부터 시작된 전 세계적 팬데믹인 코로나는 작은 시골 마을까지 긴장시켰다. 2020년 새 학년이 시작되었는데도 학교에 갈 수가 없었다. 그나마 밀집된 환경이 아니었고 작은학교였기에 5월 중순부터는 등교할 수 있었다. 매일 마스크를 착용하고 발열검사도 해야 했지만 학교에 갈 수 있는 것만으로도 감사해야 할 상황이었다. 모두들 극도로 조심하고 긴장된 상태로 학교생활도 극히 제한적인 활동만으로 1년을 보냈다. 2021년이 시작되었는데도 거리두기가 풀리지 않아 초등학교 졸업식도 부모들이 참석할 수 없었다. 아이만 보내놓고 집에서 영상으로 실시간 중계되는 졸업식을 지켜보았다. 검정색 졸업가운을 입은 아이가 제법 의젓해 보였다. 사각모의 빨간 수술이 움직일 때마다 찰랑거렸다. 걱정과는 다르게 호명에 대답도 잘하고 반듯하게 졸업장을 받아들고 교장선생님께 인사를 했다. 엄마가 없어도 저렇게 잘할 수 있는데 괜한 걱정을 하고 있었구나 싶었다. 이제는 한 발짝 물러나서 아이를 지켜보아도 되겠다는 생각을 많이 한 날이었다. 울퉁불퉁 힘든 길을 걸어오느라 넘어지고 깨지고 상처도 났지만 그래도 아이는 제 발로 당당히 다름의 경계에 서 있었다.

"자녀도 한 사람의 인간으로서 존중하라." "단호하되 공정하라." "자녀의 말에 경청하라." "자녀에게 사랑을 듬뿍 주어라." "자녀를 안내하고 지도하라." "자녀에게 지나치게 엄하게 굴거나 혹은 지나치게 관용적이지 마라." 등의 자녀를 대하는 말들을 많이 들어왔고 그 말대로 실천하려고 애썼다. 하지만 실전에서는 그대로 실현되기 어렵다. 수많은 육아지침서는 내 아이에게 들어맞지 않을 때가 많다. 그래서 나는 늘 내가 최선을 다하지 않고 있다고, 부족한 부모라고 자책했다. 어느 날 강의실에서 만난 강사가 나를 일깨웠다.

"학부모님들, 너무 최선을 다하지 마세요. 최선을 다하지 않아도 아이들은 큽니다. 그 시간에 나를 사랑하세요. 그렇다고 우리가 아이들을 사랑하지 않는 건 아니니까요. 실수도 하면서 그렇게 부모가 되어가는 겁니다."

머리를 망치로 두드려 맞은 느낌이었다. 그렇게 부모가 되어간다고? 난 늘 최선을 다해야 한다고 생각했기에 부모노릇이 어렵기만 했구나. 나 자신을 사랑하지 않고 그 사랑을 아이에게만 쏟아 부으려 했구나. 아이는 소화시키지도 못하고 있었는데 말이야. 사자와 소가 사랑에 빠졌다. 사자는 소에게 자기가 좋아하는 고기를 계속 주고, 소는 사자에게 계속 풀을 주었다. 어긋난 사랑이었다. 사랑이라는 이름 아래 이루어진 폭력이었다.

어쩐란 말인가

"언니, 오빠 집에 들어왔어요?"
중랑구에 살고 있는 시누이가 다짜고짜 다급한 목소리로 오빠를 찾는다.
"아니, 아직 안 들어왔어요. 연락도 없고 나도 걱정하던 참이에요."
"언니, 오빠가 조금 이상해, 나보고 잘 지내라며 어디 떠날 사람처럼 말하더라고. 그게 무슨 말이냐고 물었는데 대답도 안하고 끊는 거야. 그런 소리 안하던 사람이 갑자기 그러니까 너무 걱정되네."
그런 소리 안하던 사람이 그러니까 너무 걱정되네 소리가 덜컹 심장을 내려앉게 한다.
"알았어요, 연락해 보고 다시 전화할게요."
급하게 남편에게 전화를 걸었다. 전화기가 꺼져 있다. 순간 뇌가 하얘졌다. 나는 정신없이 겉옷을 찾아 입고 한 걸음에 영동대교 옆 사무실로 나갔다. 이미 불 꺼진 사무실, 창고문도 잠겨 있다. 급하게 아들에게 연락해 한강공원에 나가보라 했다. 뚝섬 한강공원을 한 바퀴 다 돌았다는 아들이 아빠를 못 찾았다고 연락을 한다. 시간은 이미 자정을 넘겨 새벽 2시를 향해 가고 있다. 위치 추적을 위해 경찰서를 찾았다. 실종신고를 먼저 해야 한다고 해서 떨리는 손으로 서류를 작성했다. 경찰과 함께 마지막 발신지를 찾아보니 성수역 근처로 찍힌다. 그곳도 정확한 위치는 아니고 기지국이 있는 자리라서 뜬 거 같다는 얘기에 당황스럽다. 경찰의 협조로 사무실과 창고를 강제로 뜯고 들어갔다. 남편은 거기에도 없었다. 송파에 사는 큰아주버님에게 전화가 온다. 집에 무슨 일 있느냐고 나에게 묻는다. 전화가 저녁 무렵에 왔는데 평소에 안하던 소리를 해서 의아하고 내심 걱정을 하고 있었다고 한다. 조금 전 막내가 울면서 전화를 했단다. 작은 오빠가 연락두절 상태이고 언니가 상준이하고 찾고 있다는데 알고 있느냐고 물었단다. 온갖 안 좋은 일들이 머리에서 떠나지 않는다. 불안이 꼬리를 물고 달려들었다. 떨쳐 내려 애쓰며 밤을 꼬박 새웠다. 지칠 대로 지쳐 이러지도 저러지도 못하고 아이 옆에 쓰러졌다. 어슴푸레 동이 터갈 무렵 현관문 여는 소리가 난다. 남편이 집으로 들어왔다.

"어디 갔다 와요?"

나는 아무 일 없었던 것처럼 애써 태연하게 물었다.

"생각할 게 있어서……. 한숨 자고 나서 이야기하자."

안방으로 들어가는 그의 어깨가 처질대로 처져 있다. 나는 돌아서서 안도의 숨을 내쉬었다. 어리석은 행동을 하지 않아서, 우리에게 돌아와 줘서 고마웠다

남편의 자동차 전장부품사업은 나날이 어려워지고 있었다. 매출 감소에 사업장 규모를 줄여 이사를 했고 직원을 내보내고 혼자

서 꾸려가야 했다. 틈틈이 내가 빈자리를 메꿔가며 운영을 해나가고 있었다. 그러나 2008년에 닥친 금융위기는 어렵게 버티던 사업을 더 힘들게 했다. 딸아이의 병원비가 계속 들어갔고 고등학교 아들의 학원비도 만만치 않았다. 아들의 교육비를 위해 마련해두었던 펀드예금을 인출했고 각종 보험계약을 해지해야만 하는 상황이 버겁기만 했다. 2011년 2월에는 혼자 전전긍긍하던 남편이 거래처에 갔다 오다 교통사고가 났다. 입원 후 사진을 찍어보니 허리뼈에 금이 갔다는 소견이 나왔다. 점점 더해지는 통증에 걷기가 어려워 입원기간이 자꾸 늘어났다. 4주, 8주, 12주, 입원기간이 늘자 사업장은 방치되었다. 가장의 무게에 짓눌려 남편은 힘들어했다. 어쩌란 말인가? 선택의 갈림길에서 남편은 고심을 거듭했다. 남편은 재기의 기회를 한 번 더 가져보고자 애썼다. 멋지게 다시 일어서 보겠노라고 이리 뛰고 저리 뛰었다. 하지만 돌파구 찾기가 쉽지 않았다. 나는 귀촌을 결심하라며 남편을 계속 설득하고 협박하기도 했다. 남아 있는 거라도 빨리 처분하고 정리하는 게 손해를 덜 본다는 생각이었다. 자기의 청춘을 바쳐 일구어온 사업체를 스스로 닫아야 하는 게 쉽지 않았던 남편도 더 이상 물러설 곳이 없다는 걸 받아들였다.

 귀촌을 결심하고 나서도 어디로 가느냐 하는 것에서 대립이 있었다. 나는 연고가 있는 곡성행을, 남편은 수도권에서 멀지않은 강원도 홍천이 좋겠다고 했다. 결정을 못하고 있던 와중에 매매를 위해 내놓은 아파트가 생각보다 빨리 팔렸다. 우리는 서둘러 살 집을 마련해야 했다. 지체할 수가 없었던 남편은 고향집으로 내려와 귀향 준비를 했다. 나는 어린 둘째와 대학에 갓 입학한 큰 아이를 혼자 떠맡아야 했다. 심신이 지칠 대로 지쳐갔다. 서울살이를 끝내고 하루빨리 곡성으로 옮기려 했으나 쉽게 집이 구해지지 않아 애를 먹었다. 우리가 마음에 들어 하는 집은 그쪽에서 거절했고, 팔려고 내놓은 집은 우리 마음에 들지가 않았다. 골목이 좁아서, 마당이 넓지 않아서, 너무 골짜기라서, 너무 비싸서, 너무 허름해서, 갖가지 이유가 걸렸다. 우여곡절 끝에 고달면 백곡마을에 친구의 집을 샀다. 낡은 옛집을 허물고 새집을 지었다. 처음 생각했던 집은 아니었지만 살 집을 마련한 것에 만족하기로 했다.

이제 시골생활에 잘 적응해 나가면 될 줄만 알았다. 그러나 이곳에서도 복병이 자꾸 나타났다. 남편에게 끊임없이 일이 생겼다. 귀촌한지 3년 만에 자동차를 폐차해야만 할 정도의 큰 교통사고가 났다. 반년 가까이 병원생활을 하다가 1년이 갔다. 상처가 아물어 갈 무렵에는 논에 갔다 오다 농수로 추락사고가 났다. 이로 인해 남편은 다시 한 번 수술대에 올랐고 몇 달간 재활을 해야 했다. 이제는 아무 일 없겠거니 했는데 철근이 떨어져 발가락이 부러지는 사고가 또 났다. 3년에 한 번씩 연거푸 일어나는 사고에 남편의 몸은 성한 곳이 없었다. 남편은 대수롭지 않게 농담처럼 말한다.
"아빠는 기계인간이야. 팔, 다리, 어깨, 쇠붙이 안 들어 간 데가 없잖아, 금속탐지기 갖다 대면 삐삐삐 소리 날걸."
이런 성격이 때로는 화가 나기도 하지만 자칭 불사조 남편 덕에 웃음을 짓는다. 낙천적이고 대책 없이 긍정적인 사람인지라 어려운 고비도 잘 넘겨왔다. 본인 이름과 같다고 좋아하는 '복수초'처럼 언 땅에 꽃을 피우는 강인함이 있다. 돌이켜보면 힘든 시간이었지만 딸과 같이 있는 시간이 늘어난 건 다행스러웠다. 아이와 충분히 시간을 보내고 성장과정을 함께 한다는 게 무엇보다 만족스럽다. 큰아이를 키우면서 늘 바빴던 아빠, 밖에서 보내는 시간이 많았던 남편이 집에 머무르는 시간이 많아진 덕분이다. 이제는 그만 쉬어도 좋을 나이지만 아직도 가장의 무거운 짐을 내려놓지 못하고 있는 남편이 때로는 안쓰럽다. 당당하고 덩치 좋던 몸이 야위어 가는 걸 볼 때마다 세월의 그림자가 드리워진다. 검게 그을린 얼굴에 주름이 늘어간다.

"우리 더 늙어서도 여기 살 수 있을까? 기동력 떨어지면 힘들 텐데, 서울로 다시 가야 하는지 고민되네."

"난 여기가 좋아, 가긴 어딜 가."

힘들기는 하지만 괴롭지는 않다는 남편은 앞으로도 곡성에서 살아갈 거라고 못 박는다. 시시콜콜 하루의 일을 이야기하던 남편이 밤 아홉시가 넘어가자 연신 하품을 한다. 어느 틈엔가 올빼미족에서 얼리버드가 되어 일찍 자고 일찍 일어나는 아침형 인간으로 변신했다.

배실사람으로 살아가기 어렵지 않아요

"마을 형국이 '강물에 뜨는 배 모양이다'하여 '배실'이라 하였으며, 상·하 마을이 있어 웃마을은 '윗배실', 아랫마을을 '아랫배실'로 불리어 오다 1914년 행정구역 폐합 당시 아랫배실은 '하백'이라 하였던 것을 1953년 행정구역 개편으로 백곡 1리로 개편되었다."

곡성군 고달면 마을 이름에 대한 이야기입니다. 지쳐버린 마음을 안고 우리는 새로운 시작을 위해 이곳에 왔습니다. 도망치듯 떠나온 서울과 이곳에서의 생활은 여러 가지로 다릅니다. 하루가 매우 일찍 시작됩니다. 요즘 같은 여름날에는 아침 6시는 이미 늦은 시간입니다. '털털털 툴툴툴' 경운기 소리는 사과밭으로 나가는 윗집 노인회장님 소리입니다. 마을이장님의 새벽방송도 확성기로 전해집니다. 이때다 싶어 가장 먼저 "우우우" 대장 개가 신호를 보내면 여기저기 동네 개들이 함께 울어댑니다. 월월월, 왈왈왈, 컹컹컹, 캉캉캉, 개소리에 이장님의 전달내용은 잘 들리지 않고, "우월컹 우왈캉…… 하시기 바랍니다."만 선명하게 들립니다. 아침이면 새들이, 밤이면 온갖 풀벌레가 노래하는 마을, 길가에는 이름 모를 풀꽃이 피고지고 들녘에는 땡볕에 곡식들이 익어가는 풍경 속에 여름 아침이 지나갑니다.

급히 서둘러 지은 집은 10여 년의 세월이 지나 여기저기 손갈 곳이 생깁니다. 소박하게 시작하려던 처음의 다짐은 어디로 갔을까요? 정리 안 된 온갖 농기구와 잡동사니들로 어지러운 마당, 현관 옆 창고는 점점 더 물건들로 발 디딜 틈 없이 차오르고 있습니다. 300평 남짓 텃밭을 일구고 몇 천원에 사먹던 채소들도 내손으로 길러 먹자니 여간 고된 일이 아닙니다. 그 수고로움 속에서 먹는다는 의미를 더 크게 깨우치게 됩니다. 식탁에 오른 한줌의 나물에도 땀과 흙 묻은 손이 담겨져 있습니다. 도시에서는 미래를 걱정했지만 이곳에선 오늘을 살아내야 합니다. 지금 심고 거둬야 하는 작물, 오늘 짓는 밥, 지금 마시는 물, 뜨거워진 날씨에 바람이 지나가는 게 고마운 일이 됩니다. 조용한 마을, 너른 하늘, 낮게 깔린 논과 밭이 이내 친숙하게 다가옵니다. 가만히 누워 즐기는 한낮의 고요함은 내 숨소리까지 들리게 하고 사랑하게 합니다.

처음 들어온 마을은 집성촌이라 같은 성씨를 가진 사람들이 몇 대를 이어 살아온 곳입니다. 누구네 누구의 조카, 누구의 며느리로 서로를 부르는 곳, 여기선 내가 누구의 사람인지 부터 묻습니다. 우리는 그 어떤 누구도 아니기에 어쩌다 마주치면 어색한 미소만 짓곤 했습니다. 그래도 우리가 먼저 건네는 인사에 어르신들은 "아! 거기 상동댁네 새로 이사 온 이." 라며 반가워하십니다. 계절은 변했고 우리도 조금씩 달라졌습니다. 하지만 완전히 스며든다는 건 쉬운 일이 아니었습니다. 여전히 이방인으로 살고 있나 하는 마음이 들 때면 조용히 마음을 접어둡니다. 마을 앞 하천길을 따라 걷다 보면 낯설기만 했던 산과 들이, 바람과 햇살이 묵묵히 등을 밀어주는 것처럼 느껴집니다. 나는 아직도 이 마을에서 '누구댁'으로 불리지는 않습니다. 하지만 그 말의 무게를 억지로 가지려 하지는 않습니다. 그저 오늘 하루 정성껏 삶을 일구고 그 속에서 조금씩 이곳의 일부가 되렵니다. 배실사람으로 사는 게 어렵지 않도록 마음 여는 법을 배우렵니다. 그것이면 충분합니다.

처음 사랑

아들.

집에 왔다간 지 3주밖에 지나지 않았는데 또 보고 싶어지네. 지금 여기는 장미꽃이 한창이라 장미축제까지 하고 있어. 언제나 한산하던 읍내 로터리가 붐비는 걸 보면 축제가 시작되었구나 싶더라고. 아들과 떨어져 산 지 벌써 14년, 군생활 2년을 빼면 오롯이 12년을 아들이 혼자 독립해서 살고 있는 거잖아. 엄마 아빠가 다은이와 함께 곡성으로 이사할 때 너를 혼자 두고 온 걸 생각하면 지금도 애잔해. 대학생이 되었다고는 하지만 아직 어린 너를 떼어놓고 오면서 엄마는 네가 흔들리게 될까봐 일부러 더 의연해 보이려 했었지. 그래도 의젓하게 잘 견뎌주었고 잘 지내주어서 너무 고마워. 이제는 제법 살림 솜씨도 늘고 정리도 깔끔하게 해놓아서 보기 좋더라. 혼자 지내는 것에 너무 익숙해 져서 짝을 찾지 않고 있나 싶어지기도 하네.

아들.

옛날 앨범을 뒤지다가 너의 어린 시절 사진을 오랜만에 보게 되었어. 그 작고 앙증맞던 아기가 지금은 안아주기에도 부담스러운 청년이 되었다는 게 실감이 안 나더라고. 지금도 엄마에게는 어린 아기로 남아 있는데 말이야. 엄마 아빠의 첫 아기였기에 잘 키우고 싶었고 남보란 듯이 성공 시키고 싶었지. 외가에서도 네가 첫 손자였기에 외할머니와 이모, 삼촌도 너를 무척 아끼고 많이 데리고 다녔지. 온 식구가 출동해서 너를 쫓아다녔던 거 기억나니? 물론 친가에서도 큰집에는 누나 둘만 있어서 네가 첫 아들 손주라 좋아라 하셨어. 할머니는 큰엄마 생각해서 맘껏 예뻐하지 못한다고 엄마에게 미안하다고 살짝 귀띔해주셨거든. 모두의 기대에 부응하려는 듯 너는 건강하게 잘 커갔어.

아들.
생각나니? 네가 유치원 다니던 시절 어찌나 인사를 잘 하던지 시장엘 가면 네 칭찬을 많이 하더라고. 유치원 가고 오는 길에 만날 때마다 인사를 그렇게 잘한다고. 아들 참 귀엽고 똑똑하다고. 그럼 엄마는 세상에서 제일 잘난 엄마가 되어 어깨가 으쓱해졌지. 발표회 시간에도 항상 앞줄에서 열심이던 너를 보면 엄마는 꼭 내가 그 자리에 있는 듯한 착각이 들더라고. 누가 보더라도 엄마의 아들인 걸 알게 생겼잖니? 동그란 얼굴에 하얀 피부 작은 눈에 담긴 총기, 야무져 보이는 앙다문 입술. 어디든 데리고 다니면 네 귀를 보는 어른들이 참 잘생겼다 귀티 난다고 칭찬을 아끼지 않았지. 인물이 훤한 게 크게 될 아이라고 말이야. 때로는 어른들이 짓궂게 놀리느라고 "너 영동대교 밑에서 주워왔다." 하면 "근데 어떻게 엄마랑 똑

같이 생겼어요?"라고 항변해서 주위를 온통 웃음바다로 만들었던 거 기억나니? 그런 얘기는 농담이라도 하는 게 아닌데 말이야.

아들.
초등학교 시절에는 또 어땠고. 뭐든지 열심히 하는 모범생이라 상장도 많이 받아왔었지. 반장을 맡아 성실하고 책임감 있게 역할을 잘 해낸다는 칭찬도 많이 받았지. 지금도 네 방에는 그때의 상장들이 많이 걸려 있잖니. 엄마 욕심에 공부는 물론 무엇이든지 잘하는 아이로 키우고 싶어서 피아노, 바이올린, 미술, 수영, 스케이트, 축구 등 너무 많이 시달리게 했지. 지금 생각하니 엄마가 무지했어. 마음 씀씀이가 너그러운 너였기에 엄마가 더 몰아붙였지. 아이들에게만 반성문을 쓰라고 할 게 아니라 어른들도 반성문을 써야 해. 사랑이라는 이름으로 폭력을 휘두르고 있었던 걸 알았어야 했어. 그래도 잘 따라 와줘서 고마워. 언젠가 책상 위에 놓인 너의 자기소개서에 '친구들 이야기 들어주느라 정작 내 이야기 할 때를 놓친다'고 적힌 걸 보면서 항상 배려하라고 가르친 엄마를 반성했어. 자기 자신도 당당하게 표현할 줄 알라고, 스스로를 인정하고 존중해주고 지지해주고 칭찬해주라고 해야 했는데 말이야. 참 부족한 게 많은 부모였어.

아들.
작년 가을 부안으로 갔던 가족캠프 기억나지? 다은이를 위한 캠프였는데 시간을 내어 와주어서 고마웠어. 집에서도 항상 네 자리가 비어 있어 허전한 마음이 들 때가 많거든. 다 같이 모여 가족 퍼즐을 완성하고 게임도 하고 서로를 더 알아가고 하는 시간이 참 소중했어. 특히 다은이의 눈을 가리고 네게 의지해 계단을 내려가서 미션을 수행해야 하는 프로그램이 있었잖아? 두 눈을 가린 채 너에게 의지해 더듬더듬 길을 찾아가는 다은이를 보면서 엄마는 울컥한 마음에 눈물이 나더라고. 앞으로도 다은이가 오빠를 의지하며 살아가야 할 텐데, 결코 오빠에게 짐스러운 동생은 되지 않게 해달라고 기도했어. 어느 날 갑자기 태어난 동생 때문에 너도 무척 혼란스러웠을 거야. 한참 공부에 매진해야 할 시기에 엄마는 다은이에게 매달려 있느라 수험생 뒷바라지를 못했어. 아마도 세 살짜리 동생과 대학입시 논술시험 보러 간 건 아무나 못하는 특별한 경험일 거야. 너는 시험장에 들어가고 우린 I대학 캠퍼스에서 뛰어놀고. 지금 생각해도 코미디 같은 일이었네. 그랬던 동생이 벌써 고등학교 2학년이 되었어. 세월이 참 빠르기도 하다.

아들.
언제나 엄마의 SOS에 수퍼맨처럼 나타나 문제를 해결해주어서 고마워. 어떨 땐 아빠보다도 더 의지하게 되기도 해. 자꾸만 기대고 싶어져서 탈이다. 너를 처음 품에 안았을 때의 떨림이 아직도 생생한데, 이제는 엄마, 아빠보다 생각도 깊어진 어른이 되어 이렇게 내 앞에 있구나. 돌이켜보니 부모로서 완벽하지는 않았지만 너에게 늘 진심을 다해 왔다고 말해주고 싶어. 언제든 지치거나 혼란스러울 때는 엄마 아빠가 너의 안식처가 되어줄 수 있었으면 좋겠어. 얼마 전 네가 회사 그만둔다면 말릴 거냐고 물었잖아? 그때도 그랬지만 엄마는 네가 쉬어가도 괜찮다고 생각해. 지금껏 최선을 다해 달려온 걸 알기 때문에 지친 너를 볼 때면 안타깝고 쉼을 주고 싶어. 네가 그랬지 집에 오면 심박 수도 줄어든다고. 이제는 생각도 깊어져 엄마 아빠를 위로해 줄도 알고 말이야. 시간이 이렇게 빨리 흐른다는 걸 너를 통해 매번 새삼 느끼게 돼. 지금 너에게 이렇게 편지를 쓰고 있자니 마음이 벅차고 기쁘다. 네가 처음 걸음마 떼던 날, 유치원 첫 등원 날, 중학교 교복 입던 날…… 하나하나가 아직도 눈앞에 생생한데 이제는 엄마 아빠보다도 더 논리적이고 차분하게 생각하는 너를 보면서 진짜 다 컸구나 싶더라. 혼자 지내며 부딪쳐가면서 알아가고 시행착오도 겪으면서 네 색깔을 잘 찾아갔구나 싶어. 네가 어떤 선택을 하든지 우리는 너를 사랑하고 믿고 응원할게. 나의 처음 사랑이자 끝 사랑일 아들, 사랑해. 엄마 아들로 태어나줘 고마워.

4부

날아오르는 시간

엄마와 나

귀향살이야, 귀양살이야

잘 다듬어진 잔디마당에 아기자기 꾸며진 작은 정원, 한 옆에 놓인 단정한 장독대, 나무 그늘 아래 매어진 그네, 맨발로 뛰어노는 아이를 꿈꿨다. 늦게 얻은 아이를 자연에서 건강하게 키우고 싶었다. 생사를 오가던 아이였기에 욕심 부리지 않고 순리대로 키우자 했다. 소망을 실현하기 위해 귀촌을 결심하고 우여곡절 끝에 집을 마련했다. 꿈꾸던 대로 살아질 줄 알았다. 그러나 꿈은 언제나 깨라고 있는 걸까? 그것은 정녕 상상 속의 그대, 그림 속의 전원주택이었다. 소소한 행복은 쉽게 주어지지 않았다. 잘 다듬어진 마당은 뽑고 돌아서면 자라나는 잡초에 잠식당했다. 작은 정원은 온갖 벌레들의 놀이터였으며 한 옆에 놓인 정갈한 장독대는 봄이면 꽃가루에 여름이면 장맛비 흙탕물에 가을에는 댓잎에 겨울에는 추위에 방치되어 갔다. 나무그늘 아래 그네는 그야말로 꿈, 잠깐 놀다가도 모기에게 시달려 철수를 해야 했다. 마당에 파라솔을 펼쳐놓고 파티라도 할라치면 파리 파티가 되어버렸다. 맨발로 뛰어놀기는 언감생심 모래놀이터는 들고양이들 배설물로 위험천만이었다.

여유와 낭만의 시골살이는 그야말로 그림의 떡이란 말인가? 멀리서 바라볼 때만 유효한 것이었단 말인가? 10여 년이 넘어도 익숙해 지지 않는 농사일은 고되기만 했다. 멋모르고 시작한 고추농사는 탄저병 때문에 망하고 겨울에 장작불에 구워 먹어야지 하며 심었던 고구마는 멧돼지만 포식하게 했다. 우리 손에 들어온 고구마는 서너 개뿐이었다. 콩은 싹이 올라오기 무섭게 노루가, 참깨 들깨는 새들이 다 가져가고 우리는 겨우 입에 풀칠만 해야 하는 춘궁기가 이어졌다. 그나마 울타리를 치고 비닐을 덮고 수확량을 늘리기 위해 안간힘을 쓰기 시작하니 조금씩 생산량이 늘어나긴 했다. 얼마 안 되는 수확물은 거두어들이는 과정 또한 만만치 않다. 콩을 말리고 두드려서 떨고 고르는 과정은 지난했다. 참깨는 더 말해 뭐할까? 수확 시기가 여름 땡볕이라 땀은 줄줄 흐르고 묶어서 세우고 털고 날리고 씻고 말리다보면 겨울이 다 가도록 끝이 안 났다. 그런 우리를 보고 농사일에 베테랑인 마을 어르신들은 혀를 끌끌 찼다.

"그러게 머 한다고 시골로 와, 서울서 살지."

"그러게 말입니다. 무식하면 용감하다고 뭘 모르고 저질렀지 싶네요."

귀촌을 준비하는 과정에서 지인들은 말했었다.

"시골살이 만만치 않어. 어우 난 돈 주고 가서 살래도 못 살아."

"자기네가 시골서 안 살아봐서 시골로 간다 그러지."

"못 살고 다시 돌아온다니까 나 그런 사람 여럿 봤어."

"뒤늦게 후회하지 말고 다시 생각해봐."

"말이 귀향살이지 귀양살이나 마찬가지라니까."

보란 듯이 잘 살아보고 싶었다. 그들의 걱정이 기우였다는 걸 증명해보고 싶었다. 그러나 날이 갈수록 점점 그네들 말이 괜한 말이 아니구나 싶었다. "나, 돌아갈래!" 절규하던 영화 「박하사탕」의 설경구처럼 몇 번이나 마음속으로 외쳤다. 그러나 한겨울 지나고 나면 봄이 오듯이 오늘은 힘들었어도 내일이면 또 괜찮아지는 게 시골살이다. 하루하루 살아내기는 버겁지만 "이제 곡성 사람 다 됐네." 하며 응원하는 사람들을 만나면 힘이 났다. '우린 늙어가는 것이 아니라 조금씩 익어가는 겁니다'라는 노랫말도 있듯이 조금씩 스며들어갔다. 익어갔다. 풍경에, 사람에게.

온전히 곡성사람으로 살아보려고 10여 년을 친구들에게 연락도 자주 안하고 살았다. 어느 날 동창에게 전화가 왔다.
"너 죽었는지 살았는지 확인하려고 전화했어. 통 소식도 없고 서울에는 안 오는 거야. 지금 애들 만나서 얘기하다 네 소식 궁금해하길래 전화 해본 거야 잘 지내지?"
속사포로 쏘아대는 통에 대답할 틈을 찾기 어렵다. 항상 모임의 총무를 도맡아 하는 H였다.
"난 잘 지내고 있지. 바쁘다 보니 소원했네. 잘들 지내고 있지."
"이번에 K네 집 사서 이사하잖아, 집들이 겸 한번 모이자고 하는데 올라올 수 있어?"
"그래? 시간 내서 한 번 가볼게."
친구가 이사한 아파트는 신도시의 대단지 아파트였다. 오랜만에 고층아파트 숲에 둘러싸인 내가 너무 작아진 느낌이다. 거인국에 온 걸리버가 이런 기분이었을까? 반듯한 보도블럭, 잘 정리된 화단, 밀집된 상가와 바쁘게 움직이는 사람들 틈에서 어색함을 감춰본다. 짐짓 여기 사람인 체 해본다. 105동 입구에서 엘리베이터를 탄다. 실수하지 않으려 알려준 주소가 맞는지 다시 한 번 확인한다. 버튼을 눌러 20층으로 올라간다. 병원, 학원, 부동산, 인테리어, 마트, 온갖 광고 문구에 모니터에서도 증시, 환율, 날씨, 생활정보를 마구 쏟아낸다. 저마다 이곳으로 오면 모든 게 이뤄진다고 유혹한다. 갑자기 현기증이 인다. 새 아파트의 시멘트 냄새가 확 올라온다.

"어머, 얘 영숙이 아니야, 웬일이니 귀한 걸음 하셨네."
"너 시골로 갔다는 얘기는 들었어, 곡성이랬나?"
"딸내미는 많이 컸지?"
"시골살이 할만 해?"

앉기도 전에 쉴 새 없이 너도 나도 질문이 쏟아진다. 내가 들어서기 전까지 분명 내 얘기로 눈뭉치를 굴려 눈덩이를 만들고 있었구나 싶다. 이내 화제의 중심은 이 집의 주인에게 넘어간다. 중년의 나이에 걸맞게 턱과 배에 살집이 두둑하니 붙었다. 서울의 아파트를 처분하고 신도시로 넓혀온 것에 대한 자부심으로 가득한 표정이다. 오션 뷰를 자랑한다고 거실 창으로 친구들을 이끈다. 창 너머로 뿌연 바다가 보이긴 한다. 반응이 시큰둥하자 이내 저녁 해질 때의 붉은 노을을 자랑한다. 오늘 서해바다의 노을 풍경을 꼭 보고 가라며.

"동악산 너머 지는 해를 너희들이 보아야 하는데…… 진짜 보고만 있어도 눈물 난다."

나는 곡성 동악산 저녁노을의 처연한 아름다움을 설명해보려 머리를 굴려본다.

"난 영화 곡성 보고 무서워서 가보고 싶은 생각이 뚝 떨어지더라."

학교 다닐 때부터 얄미운 소릴 잘하던 S는 지금도 여전하다.

"영화는 영화일 뿐, 실지로는 아주 조용한 시골이야. 절대 무서운 곳 아니야, 영화는 곡성(哭聲)이고 내가 사는 곡성(谷城)은 골짜기 마을이라는 정겨운 뜻이고."

구구절절 내가 사는 곳이 괜찮은 곳임을 어필한다. 그곳에 사는 나도 괜찮은 사람이라는 걸 슬쩍 끼워 넣어본다. 내 마음은 이미 신도시 콘크리트 20층 아파트에서 나와 산과 들과 강의 곡성에 가 있다.

나는 왜 팔짝팔짝 뛸까요

도전의 연속이었다. 출생 시 26주 760g의 극초미숙아로 태어난 아기는 피하지방이 적어 체온 유지가 어려웠다. 폐가 완전히 발달하지 않아 호흡곤란증후군이 발생했다. 소화 기능 미숙으로 위관 급식이 필요했다. 감염에 취약하여 신생아 패혈증까지 갔다. 면역수치 저하로 수혈을 두 번이나 해야 했다. RH-B형의 어려움 속에서 900g으로 어렵게 늘린 체중이 소변 기능 이상으로 2주간이나 금식을 하느라 정체 기간이 생겼다. 간 기능 미숙으로 황달이 나타났다. 1kg으로 몸으로 시력 손실의 위험을 무릅쓰고 망막증 전신마취 수술을 했다. 서혜부 탈장으로 또 다시 수술대에 올랐다. 무엇보다도 신경계 미숙으로 뇌 발달이 덜 되어 발달 지연 등의 문제가 나타날 수 있어 추적 관찰이 필요했다. 살아 있는 게 도전이었던 아이가 엄마 키보다 더 커진 열네 살 중학생이 되었다. 젖살이 빠져 얼굴형은 더 갸름해지고 몸매도 균형이 잡혀갔다. 조금은 다른 속도였고 과정이었지만 잘 커가고 있어 감사했다. 중학교 입학을 앞두고 불안이 극도로 높아진 아이를 지켜보며, 누구보다 어려운 과정들을 이겨냈으니 짜증과 불안을 쏟아내는 것쯤은 아무 일도 아니지 했다. 사춘기를 겪어야 더 자라겠지 싶었다.

돌이켜보면 딸은 뒤집기를 할 때부터 잠시도 가만히 있지를 않았다. 우리는 발달시기에 맞춰 목 가누고 뒤집고 기고 서고 걷는 과정에 초점을 맞추고 있었기 때문에, 아이가 몸을 많이 움직이는 걸 긍정적 신호로만 받아들였다. 가만히 앉아서 놀기보다는 뛰고 만지고 입에 넣어 확인해야만 하는 아이를 호기심이 많아 그런 줄로 이해했다. 미숙아들은 웅크리고 있어야 하는 시기에 몸을 펼치고 나와 유연성이 떨어지고 뻣뻣하기에, 몸으로 하는 활동을 많이 시켜 대근육 발달이나 소근육 발달로 이어지기를 바랐다. 활동 후에는 마사지를 많이 해주어 강직을 풀어주는데 신경을 썼다. 까치발로 걷는 건 좋은 신호가 아니기에 교정에 힘썼다. 집안에 아이가 움직이는 동선을 따라 유도선을 붙여 그 길로 앞발부터 내딛고 발바닥 전체로 걷기 연습을 시켰다. 신체조절 능력에 대한 염려가 컸었기 때문에 움직임 하나하나가 허투루 넘겨지질 않았다. 귀촌 후에는 아무리 뛰어도 아래층에서 항의할 일 없는 시골주택의 장점을 살려 뛰기를 좋아하는 아이가 뛰고 싶을 때는 언제든 뛰게 했다. 침대는 쿠션감이 있어 아이가 좋아하는 뛰기 장소였다. 제 방 침대와 안방의 엄마 아빠 침대까지 옮겨가며 뛰었다. 특히 학교에서 돌아온 후에는 집중적으로 뛰었다. 학교에서 마음껏 뛰지 못하고 온 답답함을 풀고 있는 것처럼 보였다.

문제는 아이가 체중이 늘면서 침대가 받는 하중이 커져 매트리스 스프링이 주저앉는 거였다. 압력 분산 능력이 뛰어나다는 메모리폼으로 침대 매트리스를 바꿨는데도 자꾸 꺼져서 버릴 수밖에 없었다. 할 수 없이 침대 프레임에 두꺼운 솜 요를 깔고 그 위에 안전성을 더하기 위해 이불을 하나 더 덮어 침대를 대신했다. 아이는 호시탐탐 안방 침대를 노렸다. 우리는 안방 침대를 딱딱한 흙돌침대로 바꾸고 대신 트램펄린을 들여놓았다. 침대 대신 뛸 기구가 생기자 아이는 물 만난 물고기 마냥 좋아했다. 자기가 좋아하는 음악을 검색해서 틀어놓고 박자를 맞춰가며 뛰었다. 마구 뛰는 것보다는 진화된 형태여서 우리도 흡족했다. 그렇지만 중학교에 가면 수업시간도 늘고 집중력도 더 높아야 하는데 이대로는 안 되는 게 아닐까, 걱정스러웠다.

자꾸 팔짝팔짝 뛰는 걸 어떻게 줄여줘야 할지 답을 찾기 어려웠다. 이유를 알 수 없어 답답했다. 의사들은 상동행동(지속적이고 반복적인 행동으로 특정한 목적 없이 같은 동작이나 행동을 계속 반복하는 것)이라고만 설명할 뿐이었다. 늘 뛰고 싶어 하는 아이를 그냥 놔둬야 할까? 제지해야 할까? 고민이 계속되었다. 혹시 뛰다가 발목이라도 다치면 어쩌지 하는 걱정이 따라다녔다. 실제로 뛰어 올랐다 내려오면서 중심을 잃고 삐끗 하는 바람에 2주간 반기브스를 하기도 했었다. 그나마 중학교 1학년이 되어서야 처음 다친 게 행운이라면 행운이었다. 그러다가 히시다가 나오키라는 자폐증 아동이 써서 화제가 된 책 『나는 왜 팔짝팔짝 뛸까?』를 만났다. 중증 자폐증이지만 어머니의 헌신적인 노력으로 필담이 가능해진 나오키가 열세 살 때 쓴 책이었다. 나오키는 이렇게 말한다.

"팔짝팔짝 뛸 때 저는 하늘로 날아오르는 것 같습니다. 하늘이 저를 꿀꺽 삼켜줬으면 하는 마음에 심장이 떨릴 정도죠. 제 몸은 위로 끌려가는 것 같습니다. 새가 되어 아주 멀리 날아가고 싶은 마음에 몸이 위로 끌려가는 기분이 드는 것이겠지요."

가슴이 쿵 하고 내려앉았다. 그래서 우리 아이가 유아기 때부터 계속 날고 싶다고 말하곤 했었구나…… 뒤늦은 자각이었다.

"신나요…… 힘들 때도 있지만 마음이 편안해져요. 행복해져요."
영국 자폐아로 가벼운 대화가 가능한 스콧 역시 팔짝팔짝 뛰는 게 습관화된 청소년이다. 그는 EBS 다큐에 소개된 영상에서 자신이 팔짝팔짝 뛴 이유에 대하여 설명하고 있다. 그의 아버지는 스콧이 자신의 일상 상태를 답답해하며 자기에게 맞지 않는 껍데기에 갇혀 있는 느낌이라고 한다. 스콧의 아버지는 아들을 위해 마음껏 뛰어보라며 트램펄린을 집안에 설치했다. 우리도 틈만 나면 뛰는 아이를 위해 트램펄린을 준비해 두고 있었기 때문에 다소 위안이 되었다. 이런 현상들은 전정신경계(사람의 귀 깊은 곳에 몸의 자세를 느끼도록 하여 균형을 잡도록 도와주는 평형기관 전정과 반고리관이 있다. 이 구조물로부터 감각을 받아들이는 신경계가 전정신경계다.)의 이상으로 발생하는 현상들이다. 신체의 흔들림과 평형상태를 감지하는 센서인 전정기관에는 이상이 없다. 그러나 전정기관에서 들어오는 정보가 전정신경핵과 망상체를 거치면서 효과적으로 해석되어야 하는데, 이런 중추신경계 기능에 이상이 생긴 것으로 추정된다. 너무나 복잡한 설명이다. 쉽게 풀이하자면 아주 강하게 점핑을 해야 전정신경핵과 망상체가 작동하여 쾌감을 느끼는 상태가 된다고 한다. 결론은 팔짝팔짝 뛸 때 아이들은 쾌감을 느낀다는 뜻이다. 이를 두고 옳지 않다거나 보기 흉하니까 그만두게 하는 건 아이들에게 폭력인 셈이다. 답답하다고 자주 호소하던 아이에게 팔짝팔짝 뛰기는 스스로 몸의 기능을 조절하는 방법이었다. 오늘도 아이는 러시아음악, 특히 좋아하는 빅토르 최의 「변화를 원한다」라는 노래를 들으며 뛴다.

> 변화를 원한다
> 변화를! 우리의 가슴이 요구한다
> 변화를! 우리의 눈동자가 요구한다
> 우리의 웃음과 우리의 눈물 속에서
> 우리의 고동치는 혈관 맥박 속에서
> 변화를! 우리는 변화를 원한다

딸은 뛰어오르며 "나는 왜 팔짝팔짝 뛰는 걸까요?"라고 묻고 있을까? 고동치는 혈관의 맥박소리로 살아 있음을 느끼고 있을까?

괜찮다면 괜찮아질까

딸의 예민함이 폭발하는 시간이 있습니다. 모든 게 감각통합이 제대로 이루어지지 않고 있기 때문이라고 합니다. 사람 혹은 물건이 자기에게 닿는 걸 피하며 다른 사람과의 예기치 못한 가벼운 접촉에도 극구 피하거나 공격적인 반응을 보이기도 합니다. 사람들이 많거나 혼잡한 곳에서는 쳐다보아야 할 게 너무 많아 과흥분 상태가 되기도 합니다. 이럴 때 아이는 눈을 잘 마주치지 않고 과도한 경계를 합니다. 반대로 너무 둔감하여 사물을 손으로 만져봐서 알려고 합니다. 또한 끊임없이 돌아다니고 안절부절 하기도 하고 무모하게 보이는 행동도 합니다. 이러한 문제들은 무시한다고 해서 사라지지는 않기 때문에 세심하고 주의 깊게 관심을 가져야 합니다. 언제 어떻게 반응이 나오는지를 항상 지켜봐야하기 때문에 늘 긴장해야 합니다. 아이가 무사히 잠든 걸 보고나서야 오늘 하루도 무사히 지나갔다고 안도합니다.

사춘기에 접어든 아이는 점점 더 자주 눈을 피합니다. 말수가 줄었고 표정도 무거워졌습니다. 괜찮냐고 물으면, 대답 대신 고개를 돌립니다. 아니라고도 그렇다고도 답하지 않습니다. 무언가 걸려 있는 듯한 침묵이 서로에게 흐릅니다. 정말 괜찮은 걸까? 말하는 방식과 반응하는 태도와 감정을 조절하는 능력까지 경계에 있는 아이에게 오늘도 묻습니다.

"오늘은 어땠어?"

돌아오는 대답은 늘 비슷합니다.

"그냥 그랬어."

어쩌면 무슨 말을 해야 할지 몰라서 아니면 말해봤자 바뀌는 게 없어서일지도 모르겠다는 생각이 듭니다. 사회성이 부족하고 감정 표현도 서툴기에 또래 아이들과 어울리지 못하고, 상황의 맥락을 잘못 읽을 때도 잦아 오해를 삽니다. 친구들은 그런 아이를 불편해합니다. 아이의 말은 짧고 감정의 길이는 길어 나는 그 감정을 다 읽어낼 수 없고, 아이는 그걸 설명해 낼 언어가 없습니다. 자기안의 낯섦을 감추려 애쓰는 아이와 그것을 덜어내 주고 싶은 엄마의 마음이 엇갈립니다.

교실이라는 작은 사회에서 아이는 자꾸만 겉돌고 있습니다. 통합원반에서는 수업 시간이 힘들고 도움교실에서는 무리에 못 섞이는 자신을 견디기가 힘듭니다. 아이가 바라는 건 특별한 도움보다 '그냥 함께 있는 느낌'일지도 모르는데 그 단순한 게 어렵습니다. 아이를 위해 상담도 받아보고, 프로그램도 찾아보고, 더 잘해보려 애썼지만 때론 아이가 지쳐 보입니다.

"엄마, 나 그냥 평범하게 지내면 안 돼?"

그 말에 멈칫합니다. 도와준다고 했지만 어쩌면 '다르게 보이지 않게 하려는' 나만의 불안이었는지도 모르겠습니다. 그래서 자꾸 괜찮은 척을 하게 됩니다.
"그래도 잘 크고 있어. 이 정도면 다행이지. 사춘기니까, 금방 지나가겠지."
아이도 나도 괜찮다고 말하면서 속으로는 서로의 눈치를 봅니다.
'정말 괜찮은 걸까?'
아이의 눈에 담긴 외로움과 내 마음에 쌓인 죄책감으로부터 벗어날 수 있을지 의문이 들기도 합니다. 아이에게 든든한 엄마가 되어주고 싶지만, 실은 나도 무서운 날이 많습니다. 아이의 내일이, 사회의 시선이, 나의 한계가.
"아픈 아이 키우느라 힘들지요?"
주변에서 건네는 위로가 오히려 독화살이 되어 심장을 파고들어 피가 철철 흐릅니다.
'아픈 아이 아니거든요. 잘 알지도 못하면서……'
항변해보지만 입 밖으로 나오는 말은 다릅니다.
"괜찮아요. 힘들기는요."
괜찮다면 정말 괜찮아질까요? 문을 닫고 들어간 아이는 대답이 없습니다. 어쩌면 괜찮다는 말보다 더 필요한 건, "그냥 너라서 괜찮아."라고 말해주어야 했는데 하는 후회를 해봅니다.
'띵동', 학교 선생님에게 문자가 옵니다. 또 무슨 일이 있었나 걱정스런 마음으로 확인을 합니다.
'어머님, 오늘 학교에서 전교생 대상으로 소방훈련이 있었는데 다은이가 대표로 손들고 나가서 소화기로 불 끄는 시범을 보였습니다. 다들 박수쳐주고, 교장선생님께서도 잘했다고 칭찬해주셨습니다. 다은이 너무 기특합니다. 칭찬 많이 해주세요.'

용감하게 불끄기 시범을 보이는 아이의 사진도 함께 첨부되었습니다. 안전에 대한 욕구가 굉장히 강한 아이라서 조금이라도 불안한 상황은 견디기 힘들 텐데 소방훈련에 적극적으로 참여하는 사진에 놀랐습니다. 당당한 아이의 모습에 저는 지금까지의 걱정은 물러가고 급하게 딸아이를 부릅니다.

"다은아, 선생님이 사진 보내셨어. 우리 딸이 용감하게 소화기로 불 끄는 시범도 하고! 그것도 전교생 앞에서 말이야."

흥분한 엄마에게 아이는 담담하게 말합니다.

"그거 하나도 안 어려워. 설명대로 하면 돼. 안전핀 뽑고 노즐을 불로 향하게 하면서 손잡이를 움켜쥐면 되는 거야. 그때 바람을 등지고 분사해야지 안 그러면 얼굴이나 옷에 뒤집어쓴대."

괜찮다는 말은 고개를 가로가 아닌 세로로, 고개를 끄덕여 본다는 거라고 합니다. 우리는 눈치 보지 않고 조급해하지 않고, 그냥 그렇게 함께 계속 걸어갈 겁니다. 아이를 있는 그대로 안아줄 겁니다. 실패해도, 낙오해도, 그 자체로 괜찮을 겁니다.

파랑새가 진짜 있어요?

"엄마, 파랑새가 진짜 있어요?"

어느 날 아이가 물었다. 나는 뜬금없는 질문에 대답 대신 무슨 소린지 종잡을 수가 없어 되물었다.

"파랑새? 동화책 파랑새 말해?"

"아니, 진짜 파랑새요."

나름 진지한 표정으로 묻는 아이 손에 모리스 마테를링크의 희곡 『파랑새』가 들려있다.

"그 책에서 말하는 파랑새는 은유적인 거지, 진짜 파랑새는 아니고."

"아니, 실제로 파랑새가 있냐고?"

"진짜 파랑새도 있을 거야. 한번 찾아봐 엄마도 궁금하긴 하네."

나에게 파랑새는 신비의 존재였다. 희망과 행복을 의미한다고 믿고 있었다. 파랑새를 찾기 위해 여기저기 헤매지만 결국 집안의 새장에서 파랑새를 찾았다는, 어릴 적 읽었던 책 속 이미지가 남아 있어서였을까? 언젠가는 나만의 파랑새를 찾을 수 있다는 기대를 품고 있었다. 그 기대로 막막한 오늘을 견뎌냈는지 모르겠다.

서울의 위성도시 경기도 안양, 그곳에서도 변두리였던 우리 동네는 원주민보다는 일터를 찾아 지방에서 올라온 사람들이 더 많이 사는 곳이었다. 셋방을 얻어 살던 그들은 대부분 근방의 공장에서 일하는 노동자들이었다. 밀려드는 사람들을 수용하느라 저마다 빈터에 집을 지어 올렸다. 원주민들 중 셋방을 놓지 않은 집은 우리 집밖에 없었다. 늘어나는 셋방들에 둘러싸여 우리 집은 섬처럼 남게 되었다. 빈틈을 비집고 집들이 자꾸 들어서자 골목길도 미로처럼 복잡해졌다. 그들도 나름의 파랑새를 찾아 여기까지 몰려들었겠지만 현실은 남루했다. 집집마다 내놓은 연탄재가 골목길을 더 좁게 만들고 발길에 차일 때쯤 청소차가 온다. 초라한 동네 풍경과는 어울리지 않는 베토벤의 「엘리제를 위하여」를 울리며. 그리곤 커다랗게 하늘을 향해 벌린 입으로 연탄재를 집어삼킨다. 미처 다 삼키지 못해 굴러 떨어진 연탄재가 깨져 길바닥에 나뒹군다. 아침잠을 빼앗긴 어설픈 차림의 사람들은 뿌연 먼지를 뒤집어쓴 채 투덜댄다. 이내 그들은 아무 일 없다는 듯이 훌훌 미로 같은 골목으로 빨려 들어간다. 어린 나는 먼지 날리는 그곳을 벗어나 파랑새를 찾아 떠나고 싶었다. 어딘가에 내가 찾는 파랑새가 있을 거라는 기대를 품었다.

딸아이가 읽다가 던져놓은 『파랑새』를 집어 들었다. 초라한 오두막집에 사는 남매 틸틸과 미틸(치르치르와 미치르로 알고 있었다)에게 크리스마스이브 밤 요술쟁이 할머니가 찾아온다. 할머니는 자신의 아픈 딸이 파랑새를 갖고 싶어 하니 파랑새를 찾아달라고 부탁

한다. 남매는 다이아몬드를 돌리면 사물의 본질을 볼 수 있는 모자와 말하는 고양이와 말하는 개와 빛의 요정과 함께 모험을 떠난다. 처음 방문한 곳은 추억의 나라, 돌아가신 할아버지와 할머니 어려서 죽은 동생들을 만난다. 남매는 그곳에서 우리가 죽은 사람을 기억하고 추억하는 한 그들은 여전히 살아 있다는 걸 알게 된다. 제대로 기억하지 못하고 추억하지 못해 죽은 이들을 떠나보내지 못하는 나를 보는 장면이었다. 이제는 내 곁을 떠난 이들을 놓아드릴 때가 되었구나, 그래야만 그들도 나와 함께 살아가겠구나, 하는 생각이 깊게 들었다. 그 다음으로 간 곳은 밤의 궁전, 틸틸은 밤의 여왕의 허락을 얻어 전쟁, 질병, 유령 등이 갇혀 있는 청동문을 하나씩 열어보는데 마지막 청동문에는 수많은 파랑새가 가득했다. 그곳의 파랑새들은 바깥으로 나가면 살 수 없는 존재들이었다. 가지고 싶지만 가져갈 수 없는, 가지는 순간 사라지는 행복들처럼.

결국 아이들은 자신들의 초라한 오두막집이 행복으로 가득 차 있었음을 깨닫는다. 그리고 세상에서 가장 아름다운 행복은 모성애라는 걸 알게 된다. 모성애가 행복을 만들어주는 최종 병기였단 말인가? 모성애라는 말은 듣기 좋은 말이기는 하나 여성들의 삶을 옥죄는 말이기도 하다. 나 또한 좋은 엄마 콤플렉스에서 벗어나기 힘들다. '엄마들이 슬플 때 자식들이 한번 입 맞춰주면 모든 눈물이 엄마들의 눈 속 깊은 곳에서 별이 된단다.'는 말이 있다. 열 번 중 아홉 번을 힘들게 하다가도 생각지도 못한 행복을 한 번씩 가져다주는 딸! 그래서 또 힘을 얻어 힘들지만 엄마의 길을 가게 되는 게 아닐까? 남매는 우여곡절 끝에 파랑새를 발견하지만 그곳을 떠날 때마다 파랑새는 죽어 있거나 색깔이 변해 있거나 날아가 버린다. 그러다 깨어나 보니 하룻밤 동안의 꿈이었고 자기들이 기르던 비둘기가 바로 그 파랑새였음을 깨닫는다.

 책을 덮으며 파랑새를 좇기만 했던 나를 돌아본다. 남루한 동네를 떠나 시내의 번듯한 집으로 가면 파랑새가 있을 줄 알았다. 서울로 가면 파랑새가 있겠거니 했다. 강남의 아파트에 살면 파랑새가 있다고 믿었다. 책 속의 뚱뚱한 행복들, 사치, 소유, 허영심이 충족되는 행복을 잡으려 했다. 목마르지 않아도 마시는 행복, 배고프지 않아도 먹는 행복, 아무것도 알지 못하고 아무것도 깨닫지 못하는 행복, 아무것도 하지 않는 행복, 잠만 자는 행복, 시도 때도 없이 웃는 행복만을 찾았다. 아주 작지만 어린 시절의 행복들, 건강하게 지내는 행복, 맑은 공기의 행복, 부모를 사랑하는 행복, 파란 하늘의 행복, 숲의 행복, 햇빛이 비치는 시간의 행복, 봄의 행복, 해질녘의 행복, 별을 바라보는 행복, 빗방울의 행복, 겨울 난로의 행복, 천진난만한 생각의 행복, 이슬 속을 맨발로 달리는 행복과 커다란 기쁨들인 정의의 기쁨, 선하게 사는 기쁨, 일을 마쳤을 때의 기쁨, 생각하는 기쁨, 깨달음의 기쁨, 아름다운 걸 보는 기쁨, 사랑하는 기쁨, 미처 모르는 기쁨들까지 수많은 행복과 기쁨을 알아채지 못하고 있었다.

 "엄마! 파랑새는 파랑새목 파랑새과 파랑새속 파랑새종 여름 철

새래. 러시아 동북부, 한반도, 중국 동부, 일본 남부, 대만, 동남아시아, 인도 동부, 뉴기니, 호주에 산대, 시끄럽고 성깔도 사나워서 행복과는 거리가 멀다는데."

 딸아이가 찾아온 정보이긴 하지만 파랑새의 진실은 모르는 게 나을 뻔했다.

내일 걱정은 내일 하는 건 어때

잠자리에 들기 전 아이의 베게 밑에 걱정인형을 넣어준다. '이렇게 되면 어떡하지?' '무슨 일이 생기면 어떻게 해야 하지?' 걱정으로 몇십 분씩이나 쉽게 잠을 이루지 못하는 딸을 위한 방편이다.
"이 인형에게 네 걱정을 말하고 자면 너의 걱정을 대신해줄 거야."
인형 효과 덕분인지 한동안은 별탈 없이 잠들었다. 하지만 그 효과는 얼마 지나지 않아 사라져 버렸다. 하늘이 무너질까 땅이 꺼질까 걱정으로 날을 지새웠다는 '기우'라는 옛 중국사람을 떠올리지 않더라도 아이에게 세상은 걱정으로 가득했다. 아침에 일어나 새소리가 들리면 새들이 너무 많아 나무열매를 다 따먹을까 봐 걱정했다. 바람이라도 조금 불라치면 창문을 확인하고 또 확인했다.
"비바람 불면 우리 집 날아갈 수도 있어. 창문 깨질까봐 무서워. 테이프라도 붙여야 되는 거 아니야?"
봄에는 황사와 미세먼지 올까봐, 장마철에는 홍수 날까봐, 눈이 오면 눈사태 날까봐, 햇볕이 뜨거운 날에는 자외선을 걱정했다. 사시사철 걱정이 끊이지 않았다. 말로는 설명하기 어려운 불안이 아이를 지배하고 있었다. 사소한 일에도 늘 불안을 안고 사는 아이의 강박적 불안이 염려스러웠다.

"엄마, 여기 손가락, 손가락 베었어. 좀 빨개. 소독하고 밴드 붙여야 되겠어."

약간 긁힌 상처에도 아이는 불안해한다. 나는 숨을 한번 들이쉬고 나서 말한다.

"괜찮아 조금 긁힌 거는 금방 나아. 언제 그랬는지도 모르게."

"그래도 감염되면, 나 죽는 거 아니야?"

아이의 불안은 점점 커져 심각한 상황까지 가버린다. 말도 안 되는 걱정이라고 넘겨버리기에는 아이의 증폭되는 불안을 잠재우기에 도움이 되질 않는다. 달래줄 방법을 고민하던 차에 늘 태연한 아이 아빠가 거든다.

"그 정도 가지고 뭘 그래. 그냥 나둬도 저절로 낫겠구만."

아이는 그런 말을 들으면 더 까무러치는데 말이다.

"세균 들어가면 손가락 자를 지도 몰라."

그걸 지켜보는 나는 지쳐버린다. 참지 못하고 버럭 소리를 지른다.

"그만 좀 해! 이러다 미쳐버리겠어. 작은 상처 하나로 지구가 멸망이라도 하겠어."

놀란 아이가 눈이 커지고 입술이 떨린다. 곧이어 울음을 터뜨린다.

"내가 나쁜 아이라서 그래…… 내가 이상한 애라서. 나도 안하고 싶은데 머릿속에서 자꾸 나쁜 생각이 나."

그 말에 나는 무너진다. 아이는 진짜로 무서운데, 그 무서움은 몸 안에서 자라나고 있는데, 아이는 벗어날 방법을 모르는데, 소리친다고 해결되는 문제가 아니라는 걸 알면서도 분노를 표출하다니……. 나는 아이를 꼭 안아주었다.

"아니야! 다은아, 너는 나쁜 아이가 아니야, 엄마가 지쳐서 그런 거야. 조금 더 많이 무서워한다고 그게 잘못은 아니야."

아이는 울음을 참으려 제 손을 주먹 쥐어 입안을 틀어막는다.

"억지로 참지 마, 울고 싶으면 울어도 돼. 엄마가 미안해, 엄마가 잘못했어. 소리치는 게 아니었는데……."

아이의 등을 쓰다듬으며 마음속으로 되뇌었다.

'이 아이의 불안은 죄가 아니야. 순간의 화를 참지 못한 나의 잘못이지.'

그 작은 몸에 도대체 왜 이렇게 많은 걱정이 들어 있는 걸까? 속이 타다가 짜증도 났다가 금세 미안해지는 일이 반복된다. 너무나 예민한 아이와 너무나 무덤덤한 부모 사이에서 아이가 더 불안한 건 아닐까? 돌이켜보면 나도 늘 내일을 앞당겨 걱정하며 살았다. 일이 틀어질까봐, 누군가에게 실망을 줄까봐, 미래가 지금보다 나빠질까봐, 불안이 일상이었고 마음은 늘 긴장 속에 있었다. 내게서 배운 게 아닐까? 하는 생각에 다다른다.

"너무 많이 걱정하지 않아도 괜찮아. 내일 일은 내일 걱정해도 늦지 않아."

아이는 고개를 갸웃했다.

"근데 그러다 진짜 안 좋은 일이 생기면 어떡해? 우리 집 망하는 거 아니야?"

나는 잠시 말문이 막혔다. 아이의 걱정은 버릇이 아니라 그 아이 나름의 살아가는 방식이 아닐까? 아이에게 걱정하지 마, 라고 말하는 건 무서운 밤에 불도 안 켜주고 그냥 자, 라고 하는 걸지도 모르겠다. 그래서 방법을 바꿔 보자 다짐했다. 아이의 걱정을 있는 그대로 들어주기로 했다.
"그럴 수도 있겠네. 정말 그런 일이 생기면 속상할 거야. 그래도 지금은 아직 그런 일이 안 생겼잖아. 내일 걱정은 내일 하는 거, 어때?"

아이의 걱정이 사라진 건 아니다. 그래도 조금씩 강도가 약해지고 있다. 멍자국을 내가 먼저 발견하고 묻는다.
"어디서 다쳤어? 아팠겠네."
"응, 나도 몰라. 별 거 아니야, 금방 없어지더라고."
그런 말을 들을 때면 우리는 함께 배우고 성장하고 있다는 생각이 든다. 물론 아직도 아이는 걱정이 많다, 하지만 이제 다그치지 않는다. 걱정이 올라올 때면 하나, 둘, 셋, 심호흡하기로 약속했다.
"다은아, 불안한 거 엄마도 알아, 엄마 마음속에도 걱정 괴물이 살고 있어. 그 괴물을 당장 없앨 순 없어도 같이 사라질 때까지 기다릴 수는 있지. 다은이 곁에는 엄마가 있잖아."
아이도 가끔은 나에게 이런 말을 해준다.
"엄마, 나 있잖아 조금 걱정되는 게 있는데…… 근데 참아볼게."
"그래, 고마워, 그렇지만 불안을 너무 억누르려고 하지는 마. 그 괴물이 더 커질 수도 있으니까."

'걱정을 해서 걱정이 없으면 걱정이 없겠네'라는 티베트의 속담처럼 오늘의 걱정은 오늘만 하기로 한다. 내일은 내일의 해가 떠오를 테니 말이다.

이게 사랑일까

아이의 고등학교 진학을 앞두고 계속 삐걱거리고 있다. 아이가 원하는 학교와 부모로서 아이의 앞길을 생각하는 마음이 달라 쉽게 결정을 못 내리고 있기 때문이다. 아이와 함께 대안학교인 H고등학교와 집에서 먼 O고등학교, 버스로 통학할 수 있는 G고등학교, 세 군데를 직접 답사했다. 진학 상담을 받는 과정에서 결국은 아이의 선택을 존중하기로 했다. 아이가 원하는 G고등학교는 특수학급이 없었다. 관내 교육청, 도교육청 특수교육지원센터 등에 민원을 제기했다. 일반 아이들에게는 학교 선택의 자유를 제한 없이 주는데, 단지 특수교육대상자라는 이유로 선택권마저 제한받아야 하는 이유가 있느냐 항변했다. 장학사와 상담을 하고 진학할 학교에 도움을 애걸하다시피해서 겨우 승인이 났다. 유치원, 초등학교, 중학교, 과정 과정이 모두 그랬다. 한 고비 넘으면 또 한 고비, 이제 끝났나 싶으면 또 다른 고비가 찾아왔다. 쉽게 거저 얻어지는 건 없었다. 작은 문제 하나하나가 도전의 연속이었다. 당면한 문제들 앞에 서면 두려움이 앞서지만 맞서 싸울 용기를 낼 수 있었던 건 부모로서의 책임과 의무 때문이었을까? 아니면 이게 사랑일까?

천사의 말을 하는 사람도
사랑 없으면 소용이 없고
심오한 진리 깨달은 자도
울리는 징과 같네
하느님 말씀 전한다 해도
그 무슨 소용 있나
사랑 없이는 소용이 없고
아무 것도 아닙니다.

「사랑의 송가」, 1코린 13

들을 때마다 가슴 뭉클해지는 성가이다. 사랑이 뭐길래 이토록 사람을 절절하게 만드는 걸까? 온갖 시, 소설, 노래, 영화, 드라마에도 사랑을 담지 않은 게 없다. 톨스토이도 『사람은 무엇으로 사는가』에서 인간의 본질은 사랑과 연민에 있다고 했으니 말이다. 그래도 나는 여전히 마음속에 물음표 하나를 품고 있다. "이게 사랑일까?"

나는 누군가에게 보호받는다는 느낌 없이 사춘기를 지났다. '그 정도는 참을 수 있잖아.' '네가 좀 더 어른스러워져야지.' 스스로를 다그치며 살았다. 혼자서도 잘 살아내는 아이로 바뀌어 갔다. 내 마음을 조용히 덮어버렸다. 켜켜이 묵혀둔 감정을 해소하지 못한 채 어른이 되고 어느 날 아이의 엄마가 되었다. 따뜻한 엄마가 되고 싶었다. 처음엔 몰랐다. 내가 아이에게서 기대한 건 순수한 사랑이 아니라, 내 어린 시절의 결핍을 보상받으려는 욕망이었다는 걸. 어린 내 아이가 나를 바라보는 눈빛, 조그만 손으로 내 팔을 붙잡는 순간들 속에서 나는 이제야 사랑받는다고 느꼈다. 그러면서 아이에게 점점 많은 걸 요구하게 되었다. 웃어주길 바라고, 내 말에 공감해주길 바라고, 내가 원하는 방식으로 반응해주길 바랐다. 그러지 않으면 왠지 서운했다. 아이에게 감정을 쏟아 붓고 나서 무기력해지고 상처를 줬다는 죄책감에 더 날카로워지는 마음. 나는 아이를 사랑하면서도 동시에 내 안의 공허도 채우고 있었다. 내가 사랑이라 착각한 감정의 정체를 모르고 있었다. 아이를 과거의 내 결핍을 채워주는 존재로만 생각했다.

이게 사랑일까? 의문을 가진 채 둘째를 만났다. 호불호가 분명하고 자기감정에 솔직한 아이라서 힘이 들었다. 쏟아내는 감정을 받아주어야만 했다. '어떻게 사람이 감정을 다 드러내고 살아.' '때로는 숨기기도 하고 속이기도 하고 그래야지.' 솔직하지 못하게 늘 감정을 숨기기에 바빴던 어린 내가 불쑥불쑥 튀어나왔다.
"다은아, 너는 참 좋겠다. 엄마가 네 감정의 쓰레기통이 되어주고 있으니 말이야. 내 엄마는 다정하지도 않았고 내 이야기를 들어주던 사람도 아니었어. 그래서 나는 감정 표현이 참 서툰 사람인데 어쩌면 너는 이렇게 솔직할 수 있니? 엄마는 다은이가 참 부럽네."
용기를 내어 아이에게 내 마음을 전달해보려고 했다. 하지만 아이의 반응은 시큰둥하다. 별 일 아니라는 듯이 빤히 바라보다 이내 자기의 관심사로 돌아간다. 아이를 키우며 나는 엄마를 다시 이해하게 되었다. 아이 앞에서 무너지지 않으려 애쓰는 마음에서 엄마를 보았다. 그도 울고 싶었을 테지. 자기도 감정을 누군가에게 기대고 싶었겠지. 그러나 감당해야 하는 것들이 있기에 강하게 보일 수밖에 없었을 테지. 참아야 했겠지. 엄마도 나와 마찬가지로 사랑하지 않았던 건 아니었으리라. 그제야 나는 그토록 복잡하게 얽혀있던 실타래를 조금씩 풀어내기 시작했다. 사랑은 모양이 다를 수 있고 부족함 속에서도 나름의 진심이 존재한다는 걸 알아갔다.

사랑은 어쩌면 말보다 기다림에 가까운 건지도 모르겠다. 아이는 나를 채우기 위한 존재가 아니라 그 자체로 하나의 온전한 사람이라는 걸 오랜 시간에 걸쳐 알아 가듯이 말이다. 모자란 대로 이해하고 기대 대신 바라보라는 마음으로 다시 시작하는 게 진짜 사랑임을 깨닫는다. 사랑은 완전한 상태에서 주고받는 게 아니라 서툴고 찢긴 마음을 가지고도 서로를 붙잡아 주는 거라고 이제 나는 조심스럽게 말해본다. 불완전했지만 진심이었던 마음, 숨기고 참으며 겨우 이어온 감정의 끈. 아직도 완벽한 답을 모르지만 사랑은 참는 것이기도 하고 숨기는 것이기도 하고 끝내 말하지 못한 진심이기도 하다. 불완전함 속에서도 또 누군가를 사랑하려고 한다.

"외할머니 돌아가셨을 때 내가 왜 안 울었는지 알아? 내가 울면 엄마가 더 슬퍼할 것 같아서였어."

순간 숨이 멎었다. 다른 사람의 감정에는 무디고 오로지 자신의 감정에만 충실한 줄 알았던 딸. 딸의 마음 안에도 그런 사랑의 마음이 있었다.

"그랬구나. 엄마는 몰랐었네. 우리 딸이 그런 맘이었다는 걸. 그래서 엄마 곁에서 떠나지 않고 평소보다 더 매달리고 보채고 그랬구나."

딸과 나는 한 단계 더 날아오를 준비를 마쳤다.

너도 갱년기야?

아침부터 전투 아닌 전투가 벌어진다.
"딸, 어서 일어나. 일곱 시가 넘었잖아. 얼른 아침밥 먹고 씻고 학교 갈 준비해야지. 자꾸 늦장 부리다 지각한다."
재촉하는 엄마의 말을 듣는지 마는지 딸은 여전히 이불속이다.
"10분만, 아니 5분만 더 자면 안 돼?"
"안 돼! 빨리 빨리 움직여야지. 엄마도 출근 준비해야 되잖아."
미처 정리하지 못한 이부자리, 싱크대 안에 쌓인 설거지 그릇들을 전쟁터의 잔해처럼 남겨둔 채 우리는 서둘러 나간다. 느긋한 딸과 급한 엄마, 안 맞아도 너무 안 맞는 모녀의 1차 전투가 끝난다.

"엄마, 제발 내 방에 들어오지 말라니까!"
"그게 방이냐? 어휴, 책상 위에 먼지 좀 봐라. 치우고 살아."
"내 물건에 손대지 마, 내가 정리할 거니까."
둘 다 예민한 날에는 꼭 이렇다. 나는 훅 열이 올라서 짜증이 나고, 눈을 부릅뜬 딸은 문을 쾅 닫는다.
"문 좀 살살 닫으라니까!"

"소리치지 말고 말해."

동시에 감정이 터진 엄마와 딸이 서로 지지 않으려고 목소리를 높인다. 엄마가 되는 것도 딸이 되는 것도 쉽지 않다. 우리의 2차 전투 발발이다.

"오늘 어땠어?"
"몰라."
"좀 자세히 알려주면 안돼?"
"할 말 없어."

아이의 답이 짧다. 나는 괜스레 서럽다.

"엄마가 아침부터 애쓰는 걸 조금이라도 생각해봤어? 너만 사춘기라서 힘든 거 아니야. 엄마도 갱년기라서 무지 힘들거든. 너는 엄마 생각은 조금도 안 하지."

문득 내가 딸이었던 적이 생각난다. 나도 그랬었다. 언제나 바쁘고 힘들었던 엄마의 마음을 읽어내지 못했다. 엄마는 당연히 그래야 되는 줄로만 알았다. 그때의 엄마도 나처럼 울렁이는 속을 달래야 했을까? 감정의 진폭 속에서 우리는 서로 닮아가고 있다. 서로 부딪치고, 웃고, 울고 다시 시작한다. 감정은 넘치지만 마음을 전하는 일에 서툴기만 했던 시절의 엄마와 나. 지금 우리 딸과 나이기도 하다. 다툼 속에 진심이 있고 눈물 뒤에 사랑이 있다. 그럼에도 우리는 오늘 또 싸운다.

"너도 갱년기야!"
"아니, 갱년기는 엄마고 나는 사춘기라고!"

당신의 그늘

부쩍 늘어난 흰머리, 굽어가는 등, 느려진 걸음걸이…… 어쩔 수 없는 세월의 흔적이 그대로 드러나는 이가 있습니다. 바로 저의 남편이며 두 아이의 아빠입니다. 서른 살 청년이 예순네 살 노년이 되었다는 사실이 서글퍼지기도 합니다. 우리가 처음 만났던 때를 떠올려 봅니다. 1991년 6월 1일이었으니 딱 34년 전의 일입니다. 외사촌 언니 소개로 만난 첫날의 인상은 호감이 가거나 그러진 않았습니다. 서울 성수동의 다소 허름해 보이는 건물 이층 '썬웨이'라는 간판을 달고 있는 카페로 들어갔습니다. 오랜만에 만난 언니와 안부를 물으며 잡다한 수다를 떨고 있는데 땀이 송글송글 맺힌 얼굴로 들어선 이가 있었습니다. 살집 있는 얼굴, 다소 나온 뱃살, 벌어진 어깨, 짧은 스포츠형 머리가 조직에 있는 사람처럼 보였습니다. 계면쩍은 얼굴로 약속 시간에 늦었다며 미안해하던 모습, 거래처에 갔다가 일이 늦어졌다며 어쩔 줄 몰라 하던 모습은 수수했습니다. 흰색 니트 반팔 티셔츠에 긴 양복바지로 볼 때 패션 감각은 없는 사람이구나 싶었습니다. 말투는 투박해서 그냥 아저씨처럼 보인 게 첫인상이었습니다. 긴장감 없이 만남을 끝내고 돌아온 내게 궁금해하는 가족들이 달려들어 물었습니다. "완전 아저씨야. 덩치는 산만하고, 옷도 말투도 세련하고는 거리가 멀더라고." 나의 평가에 엄마는 "이번에도 아닌가 보다." 하셨습니다. 그렇게 2주가 흐른 뒤 만나자는 연락이 왔고 혼자 나가기 싫었던 나는 친구 두 명을 데리고 나갔습니다. 밥이나 얻어먹고 오자는 심산으로 영동대교 옆 호박 레스토랑으로 갔습니다. 어두운 실내조명에 사람을 알아보기도 힘들었는데 먼저 반갑게 인사를 건네는 이가 있었습니다. 같이 간 친구들하고도 스스럼없이 이야기하는 걸 보고 안심했습니다. 성격은 좋은 사람이구나 싶었습니다. 그 뒤로 하루도 빠짐없이 전화하고 두 시간씩 걸려가며 안양까지 나를 만나러 왔습니다. 만날수록 나와는 다른 사람이구나 싶었지만 편안함을 주는 사람이었습니다. 우리는 그해 11월 10일 결혼을 했고 서로를 알아가는 시간도 없이 첫 아이 낳고 정말 열심히 살았습니다.

돌이켜보면 내 삶의 중심에는 언제나 당신이 아닌 아이들이 있었습니다. 그래도 불평 없이 내가 하는 일에 반대하지 않아 항상 고마웠습니다. 그때는 당연한 걸로 알았습니다. 내 안의 결핍은 당신이 채워주길 바라면서도 당신의 공허함을 들여다보질 않았습니다. 외면하고 있었다는 말이 맞을지도 모르겠습니다. 당신은 묵묵히 그 자리에 있는 사람으로만 여겼습니다. 당신의 무거운 어깨를 모른 척했음을 고백합니다. 이제야 당연한 듯 여겨진 그 모든 노력들이 당신 안에 깊은 고단함을 안겼을 거라는 생각을 합니다. 책임감 하나로 가족을 지켜온 당신…… 당신의 하루하루가 얼마나 고되고 외로웠을지 이제야 조금씩 느낍니다. 당신의 지나온 삶이 결코 헛되지 않았다고 말해주고 싶습니다. 생각해보면 당신이 참 많이 참아주고 기다려줬음을 깨닫습니다. 어쩌다 이렇게 서로 다른 우리가 벌써 35년여를 함께 살아왔을까요? 나는 생각이 많고 당신은 행동이 앞서고, 그럴 때마다 마음이 엇갈리고 서로를 오해한 날도 참 많았습니다. 그런데도 신기하게 우린 늘 같은 자리로 돌아와 있곤 했습니다. 다른 두 사람이 한 방향을 바라보며 어디쯤에서 만나려고 애쓰다보니 그럴 수 있었겠다 하는 생각을 해봅니다. 앞으로도 서로를 닮아가지는 않더라도 서로의 다름을 이해하면서 손 놓지 않고 함께 걸어갑시다. 때론 느리게, 때론 엉뚱하게, 그저 우리답게 살아갑시다. 웃을 일보다 속상한 일이 더 많을 때도 있었고 서로에게 서운했던 날도 있었지만 그래도 그 순간을 함께 버티고 지나올 수 있었던 건 당신이 있었기 때문입니다. 당신이 있어 참 다행인 날들이었습니다. 당신의 그늘이 있어 내가 편히 쉬었습니다.

지금 생각해보니 한 번도 당신에게 내 마음을 담은 편지를 써보지 않았습니다. 아이들에는 늘 응원한다, 사랑한다, 자주 말해주고 편지도 쓰고 그랬는데 말입니다. 농사일에는 전혀 관심이 없는 나를 위해, 오늘도 당신은 혼자 심고 돌봐온 양파를 수확하고는 가족 톡방에 올려놓았습니다. 자랑하고 싶어 하는 당신의 어린아이 같은 순수한 마음을 읽습니다. 아프지 말고 살아갑시다. 우리에게는 아직 부모의 손길이 필요한 딸이 있으니 말입니다. 우리 잘 버텼고 잘 살아왔고 이제는 더 행복하기를 바랍니다. 그저 함께 있는 것만으로도 충분하다고 말할 수 있는 우리가 되면 좋겠습니다. 이제 우리는 둘 다 잘 살아내야 한다는 부담보다는 그냥 살아가는 기쁨을 느끼며 살았으면 합니다. 우리의 인생이 더 빛나길 바랍니다. 다소 현실감 떨어지고 이상향을 좇는 나와는 다르게 현실적인 당신이 있어서 여기까지 왔습니다. 말없이 짊어진 책임. 티내지 않던 외로움까지 이제라도 함께 나누어 가지고 가보렵니다. 이제는 내가 당신의 따뜻한 그늘이 되겠습니다. 못 다한 사랑과 감사의 마음을 제가 좋아하는 시인의 시 한 편으로 대신해봅니다.

긴 상이 있다
한 아름에 잡히지 않아 같이 들어야 한다
좁은 문이 나타나면
한 사람은 등을 앞으로 하고 걸어야 한다
뒤로 걷는 사람은 앞으로 걷는 사람을 읽으며
걸음을 옮겨야 한다
잠시 허리를 펴거나 굽힐 때
서로 높이를 조절해야 한다
다 온 것 같다고
먼저 탕 하고 상을 내려놓아서도 안된다
걸음의 속도도 맞추어야 한다
한 발
또 한 발

함민복, 「부부」

5부
희망을 걷다

함께 가는 우리

엄마는 행복추구병 환자예요?

선택은 언제나 힘들다. 문 앞에서 늘 고민하고 망설이게 된다. 선택이란 하나를 잘 고르는 게 아니라 하나를 잘 버리는 거라고도 한다.

'우리는 자신의 선택에 필연적인 이유가 있기를 원하고, 또 가능하다면 그 이유가 숭고하고 아름다운 것이기를 바란다.'

『인생의 역사』를 쓴 신형철 작가의 말이다. 이 말대로 고등학교 진학에서 우리는 아이의 선택을 존중했다. 어려운 단계를 거쳐 입학한 G고등학교였기에 잘 해낼 거라는 희망회로를 마구 돌렸다. 설렘과 기대를 품고 입학한 학교였지만, 특수교육대상자를 받지 않았던 학교는 아이를 위한 공간도 시스템도 갖추지 않았다. 현업에서 오랫동안 물러나 있던 교사가 계약직으로 발령을 받아 담당교사로 왔다. 기대가 실망으로 바뀌었다. 다소 안심이 되었던 점은 담당교사가 지역에서 개인적인 인연으로 알고 지내던 분이고, 아이를 어느 정도 파악하고 있는 분이어서 별도로 설명할 필요가 없다는 정도였다.

환경적 변화에 예민하고 쉽게 적응을 못하는 아이는 학교생활을 힘들어했다. 짜증이 늘고 문제행동이 끊임없이 이어졌다.

"다은이가 수업시간에 안 들어 왔어요. 친구의 물건에 허락 없이 손을 댔어요. 갑자기 돌아다녀서 수업에 방해가 되었어요. 유리창 밖으로 컵을 던져 깨뜨렸어요."

조용히 넘어가는 날이 드물었다. 퇴행적인 행동이 계속 나타났다. 학교도, 교사들도, 아이도, 부모인 우리도 모두 힘든 시간을 보낼 수밖에 없었다. 일반 고등학교에 입학했다는 사실이 왠지 안정감을 주었다. 이젠 아이도 제 갈 길을 잘 가겠구나, 그렇게 믿었다. 그 믿음은 오래 가지 않고 깨지고 말았다. 답답했다. 마치 내가 무능한 부모라는 걸 입증하려는 듯 아이는 뒤로만 걸었다. 아이와 얘기를 해보려 애썼지만 돌아오는 건 짧은 말뿐이었다. 나는 괜히 아이를 원망했다.

"다은아, 학교 다니기 힘들어? 네가 선택해서 들어간 학교잖아? 근데 매일 문제 있다고 전화 오고, 엄마는 죄송하다고 사과만 하고, 어떻게 하면 좋겠는지 말 좀 해봐. 공부가 힘들어? 아니면 친구들하고 지내는 게 힘들어? 엄마는 다은이가 행복했으면 좋겠어. 그래서 네 선택을 존중해 준 거잖아."

말이 길어진다는 걸 알면서도 아이를 자꾸만 다그쳤다.

"엄마는 맨날 행복, 행복, 왜 행복만 말해, 행복추구병 환자에요? 문제점은 왜 안 보려고 해. 나는 내가 싫다고. 태어나지 말았어야 했다고……."

아이가 쏟아내는 극단으로 치닫는 말이 가시가 되어 박힌다.

"네 자신을 부정하는 건 엄마를 부정하는 거나 마찬가지야. 엄마는 딸에게 부정당하고 싶지 않아. 다은이 낳은 걸 정말 잘한 일이라고 생각하는데……."
"몰라, 모른다고."
아이가 제 방문을 꽝 닫고는 들어가 버린다. 닫힌 방문 앞에서 나는 좌절했다. 우리의 선택이 정말 잘못된 걸까? 어디서부터 잘못된 것일까? 모두가 힘든 이 상황을 어떻게 헤쳐 나가야 하는 건지 답이 쉽게 떠오르지 않았다. 누가 정답을 알려준다면 그대로 따르면 될 텐데, 풀리지 않는 숙제를 안고 절망했다.

일정한 궤도를 따라 잘 걷기만 하면 아이도 나도 무난한 삶 속에서 자연스럽게 행복하길 바랐다. 그래서 아이가 일반고에 진학했을 때, 조금 뒤처지더라도 잘 따라가기만 하면 되는 거라고, 엉뚱한 길로 가지 않게 조금만 지켜봐주면 될 거라 믿었다. 그렇게만 해주면 괜찮을 거라고 생각했다. 그런 믿음이 와장창 깨져버렸다. 아이는 점점 무너지고 있었고, 내 가슴도 타들어갔다. 문제행동으로 인해 외면당하고 눈치 보며 견디고 있을 아이를 생각하니 가슴이 아렸다. 말을 나눌 친구도 없이 철저히 혼자가 되어 있을 아이가 가여웠다. "왜 그랬니?" 하고 물으면 "심심해서."라고 말하던 아이. 나는 내 아이가 얼마나 외로웠는지를, 그리고 내가 얼마나 무심했는지를 깨달았다. 왜 더 일찍 알아채지 못했을까? 왜 '지나가면 괜찮아질 거야'라며 스스로를 속였을까? 참고 견디는 게 힘든 아이에게 그걸 강요하고 있었다는 자책을 했다. 대책이 필요했다. 우린 결국 학교를 떠나기로 결정했다. 아이를 세상의 기준에 끼워 맞추는 일로 상처 입히고 싶지 않았다. 결정을 내리기까지 많은 고민이 있었다. 혹시 이 선택이 아이를 더 좁은 길로 몰아넣는 건 아닐까? 사회의 편견에서 싸워보지도 않고 물러나는 게 옳은 일일까? 의문이 드는 건 어쩔 수 없었다.

결국 우리는 선택지에 넣어두지 않았던 J고등학교로 전학을 했다. 1학년 과정을 마친 뒤 가고 싶었지만, 학사일정 등을 고려해 10월 초부터 새로운 학교로 옮겨가야 했다. 전학 후 아이는 조금씩 안정을 찾아갔다. 그렇다고 전혀 문제 상황이 생기지 않는 건 아니었다. 특수교육대상자를 위한 학급이 있었고, 시스템이 갖추어진 학교였기 때문에 자연스럽게 합류할 수 있었다.
"오늘 어땠어?"
하교하는 아이에게 물었다.
"괜찮았어요."
짧은 대답이지만 아이의 표정이 나쁘지는 않다.
"그래, 전학하길 잘했어. 우리 힘들더라도 조금만 파이팅하자."
우리는 두 손바닥을 힘껏 마주치며 새로운 출발을 축하했다. 대한민국 헌법 제10조에는 '모든 국민은 인간으로서의 존엄과 가치를 가지며, 행복을 추구할 권리를 가진다.'고 명시되어 있다. 그러나 현실은 녹녹치 않다. 작은 사회인 학교가 그것을 받아들이기가 힘든데 앞으로의 세상은 더 험난할 게 분명하다. 아이가 자신을 있는 그대로 받아주는 세상에서 살 수 있기를 꿈꿔본다.

느린 토끼와 빠른 거북이는 누가 이길까

여기 느린 토끼가 있어요. 토끼의 이름은 엘리였어요.

엘리는 달리는 것보다 책을 읽거나 풍경을 바라보는 걸 더 좋아했어요.

걷다가 꽃이 피면 멈춰 향기를 맡고, 나뭇잎이 흔들리면 한참 바라보곤 했어요.

하지만 엘리의 마을 토끼들은 언제나 빠르게 움직여야 했어요.

"저리 비켜! 늦으면 안 돼!"

"왜 이렇게 느려, 엘리?"

"엘리, 토끼 맞아?"

친구들의 말에 엘리는 자꾸만 움츠러들었어요.

다리를 번쩍번쩍 움직이며 누구보다 빠르게 뛰어보려 했지만 언제나 제자리에서 맴돌고 말았어요.

옆 마을에는 느린 거북이들이 모여 살았어요.

느리게 사는 게 당연한 마을에 빠른 거북이 비바가 있었어요.

"내가 이 마을에서 제일 빠르지!"

비바는 언제나 콧노래를 부르며 뛰어다녔지요.
하지만 느리게 사는 게 당연한 거북이 마을에서 빠르다는 건 칭찬받을 일이 아니었어요.
"비바, 왜 그렇게 급해?"
"빨리 하면 실수해, 느릿느릿한 게 더 좋아."
"비바, 거북이 맞아?"
비바는 자꾸 빠르다며 혼이 나는 바람에 외롭다고 느끼기 시작했어요.
아무리 느리게 가려 해도 자꾸만 빠르게 움직이는 팔다리가 미워졌어요.

그러던 어느 날, 느린 토끼 엘리와 빠른 거북이 비바가 숲에서 우연히 마주쳤어요.
처음엔 서로를 이상하게 생각했어요.
"거북이인데 빠르다고?"
"토끼인데 느리다고?"
둘은 서로를 바라보며 깔깔깔 웃었어요.
엘리와 비바는 금방 친구가 되었어요.
둘은 함께 천천히 걸으며 나뭇잎을 바라보았어요.
나뭇잎 사이로 흩어지는 햇살이 참 좋았어요.
엘리와 비바는 같은 속도로 함께 뛰며 바람을 맞았어요.
시원한 바람이 온 몸으로 전해졌어요.
둘은 동시에 외쳤어요.

"이게 내가 원하는 속도야!"

그날 이후 엘리는 느린 거북이마을로 이사했어요.
자신처럼 천천히 사는 걸 좋아하는 친구들을 만날 수 있었죠.
비바는 빠른 토끼마을로 가서 마음껏 달릴 수 있었고요.
가끔은 서로의 마을에 놀러가 같이 놀기도 했어요.
어느 날, 큰 경주대회가 열렸어요.
비바는 당연히 1등을 할 거라며 자신만만했어요.
그런데 뜻밖에도 엘리가 경주에 참가 신청을 했어요.
"느린 네가 경주를 해? 정말 웃긴다!"
친구들은 배꼽을 잡고 웃었어요.
하지만 엘리는 당당하게 말했어요.
"나만의 속도로 끝까지 가볼 거야."

드디어 경주하는 날이 되었어요.
"출발!"
호루라기 소리와 함께 비바는 총알처럼 달려 나갔어요.
엘리는 한 걸음 한 걸음 조심스럽게 걷기 시작했어요.
먼저 달려 나간 비바는 숲에 도착했어요.
그곳은 엘리와 만나 같이 놀았던 곳이었어요.
비바는 앞선 자신이 자랑스러웠지만 잠시 쉬면서 엘리를 기다리기로 했어요.
그사이 엘리는 천천히, 멈추지 않고 걸었어요.

작은 언덕을 넘고, 돌멩이를 피하고, 개울을 건넜어요.
그리고 마침내 비바가 기다리고 있는 숲에 다다랐어요.

"엘리야, 어서와! 기다리고 있었어."
"비바야, 너 먼저 가도 되는데 나를 기다려준 거야?"
"우리는 친구잖아. 우리는 같이 달릴 때 더 잘 달릴 수 있어."
엘리와 비바는 서로의 속도에 맞추어 결승선을 향해 달려 나갔어요.
"엘리다! 엘리가 결승선을 통과했어!"
"비바야! 그 옆에 비바가 있어."
둘은 똑같이 결승선을 통과했어요.
"비바야, 고마워! 네 덕분에 빠르게 올 수 있었어."
"아니야, 엘리야! 네 덕분에 멈추지 않고 올 수 있었어, 혼자였다면 지쳐서 끝까지 달리지 못했을 거야."
둘은 서로의 손을 잡고 하하하 웃었어요.
거기에 모인 빠른 토끼와 느린 거북이들은 저마다 생각했어요.
'경주는 빠르게 가는 것도 중요하지만, 멈추지 않고 가는 게 더 중요해.'
그날 이후 느린 토끼도 많아지고 빠른 거북이도 더 많이 생겨났답니다.

Elly: '작은요정' 또는 '귀엽고 상냥한'이라는 의미의 이름.
Viva: '만세, 잘한다'는 뜻의 매우 빠르고 생기 있는 이름.

천천히 가야하는 때에는 빨리 뛰쳐나가고, 빠르게 나가야 할 때는 느리게 가는 종잡을 수 없는 딸이 좋은 친구를 만나 함께 갈 수 있기를 바라며 쓴 동화입니다.

꿈이 꼭 있어야 되나요

Boys, be ambitious! 소년이여, 야망을 가져라!
어린 시절 누가 말했는지도 모른 채 어른들이 힘주어 말할 때마다 '그래, 꿈을 크게 가져야지!' 하며 주먹을 불끈 쥐었다. 하지만 나는 점점 내가 무엇을 좋아하는지 무엇을 잘하는지도 모르면서 큰 꿈과는 멀어지며 갈팡질팡했다. 내 아이들은 나와 같은 실패와 좌절을 겪지 않기를 바랐다. 하지만 일반계 고등학교에서 특성화 고등학교로 전학한 딸의 진로를 어떻게 설계할지 또 다시 고민을 거듭해야 했다. 아이의 미래를 어떻게 준비해줘야 할지, 더구나 경계선 판정을 받은 아이가 잘할 수 있는 일이 무엇일지, 좋아하는 일을 잘할 수 있게 만들어 줄 수는 있는지, 걱정스러운 날들이 계속되었다. 상대적으로 아이는 느긋하다. 당면한 자기 일로 생각하지 않는다. 엄마의 걱정 따위는 안중에도 없다. 내심 이런 아이가 답답하기도 하고 서운하기까지 하다.
"엄마가 언제까지 너의 보호자가 되어줄 수는 없어. 독립적 인간으로 살아갈 준비를 해야지."
자꾸 닦달을 한다. 그러면 아이는 이렇게 반문한다.

"꿈이 꼭 있어야 되나요?
"그런 건 아니지만, 네가 할 수 있는 일을 찾아야지. 그게 네가 좋아하고 잘할 수 있는 일이면 더 좋은 거고."
오늘도 입씨름이 계속된다.

유치원 다니던 시절 아이의 꿈은 메이크업 아티스트였다. 예쁜 걸 좋아하고 공주놀이에 빠져 있을 때라 마음껏 탐색하게 했다. 아이의 손님이 되어 얼굴에 분칠을 해주는 대로 받아야 했다. 분홍색 옷만 입고 치마만 고집하는 아이가 귀엽기는 했지만, 놀이시간에 맘껏 놀지 못하니까 바지를 입자고 하면 싫다고 떼를 썼다. 메이크업 아티스트는 예뻐야 한다며 결국 제 고집대로 치마를 입고 갔다. 그러던 아이가 초등학교에 가서는 동화작가가 된다고 했다. 시 쓰기 수업에 가는 걸 좋아했고 나름 글도 재미있게 써서 감동을 주었다. 책을 좋아하고 즐겨보는 아이라서 잘 키워주고 싶었다. 하지만 어느 날부터인가 만화 그리기가 좋다며 장래희망이 만화가로 바뀌었다. "그래! 애니메이션, 네가 좋다면 우리도 좋아." 하며 응원했다. 아이는 노트마다 만화를 그렸다. 교과 수업시간에도 만화만 그렸다. 애니메이션고등학교 진학을 알아보던 아이가 내신이 안 되면 가기 어렵다며 지레 포기를 했다. 한동안 꿈 찾기를 하지 않던 아이가 이번에는 바리스타가 되겠다고 했다. 우린 뭔가 자기가 좋아하는 걸 찾길 바랐기 때문에 적극 지원했다. 온갖 차를 타서 가져다주면 배부르게 마셨다. 비싼 차를 마구 주문하는 바람에 어느 선에서 제지를 해야 하는지 고민이 되었다. 아이가 좋다는데 막는 게 혹시

의욕을 꺾을까 염려되기도 했다. 하지만 절제를 가르쳐야 하기에 타협이 필요했다. 열심히 차를 만들던 아이는 최근 들어 차를 만들지 않고 있다. 바리스타도 결국 아니었구나 싶다. 다시 이대로 놔둬도 될지 걱정스러웠다.

"네 꿈은 뭐야?"
어린 시절부터 귀에 못이 박히도록 들었던 질문이다. 나는 어른들이 좋아할만한 그럴싸한 직업들을 가져다 내 꿈인 양 말했다.
"과학자요."
"판사요."
"교수요."
자라면서 점점 그 질문이 부담스러워졌다. 꿈이 없는 나는 계획 없이 사는 사람처럼 보일까 두려웠다. 꿈이 없는 건 게으른 탓이고, 의욕 없는 건 방향 없이 사는 것이라 여겨졌다. 성공한 사람들은 어릴 때부터 간절히 원하는 일이 있었고, 그 꿈을 향해 달려가며 삶의 에너지를 얻는다고 하는데, 특별한 목표 없이 사는 나는 하루살이처럼 여겨졌다. '꿈이 없는 인생은 의미 없다'는 족쇄에 묶여 자존감을 잃고 방황했다. 자신을 벼랑 끝으로 내몰았다. 꿈이 없어도, 방황해도, 찾지 못해도, 살아 있는 것만으로도 충분히 가치 있는 일일 텐데 말이다. 그랬던 내가 아이에게 꿈이 있어야 한다고, 꿈을 가지고 열심히 준비해야 한다고 다그치고 있다.

이제는 엄마가 달라지면 아이도 달라질 거라는 믿음을 가져보기로 한다.

"엄마, 난 그냥 잘 모르겠어요."

"재미없단 말이야."

말하는 아이에게 자꾸 다그치지 않으려 한다.

"괜찮아, 조금씩 찾아보고 알아보자."

아이가 자기만의 속도로 마음을 꺼내고, 삶을 펼치고, 스스로 찾아가길, 자기만의 감각을 키워가는 걸 조바심 내지 않고 지지해주려고 한다. 싫증을 잘 낸다는 건 오히려 자기감각이 예민하다는 증거일 수 있다. 게으르거나 인내심이 없는 게 아니라 어디에 오래 머물러야 할지 모르는 여행자처럼 이것저것 만져보는 중이겠지, 라고 여기며 느긋해지려 한다. 금방 흥미를 잃는 건 내가 원하는 게 아니라는 걸 알아채는 과정일 수 있다니 조급함보다는 다정한 관찰자가 되어 기다려보련다.

"앞으로 뭘 하고 살 거야?"

아직 자신이 누구인지도 모르는 아이에게 질문이 너무 무거웠다. 싫증도, 망설임도, 방향 없음도 아이의 일부로 받아들이며 실패를 하더라도 곁에서 지켜봐주는 엄마가 되려고 한다. '꿈'이라는 단어를 굳이 꺼내지 않으려 한다. 지금은 아이가 자기 속도로 살아가도록 옆에서 등을 두드려주는 일만으로도 충분하다.

"꿈이 꼭 있어야 되나요?" 묻는 아이에게 "꿈이 없어도 괜찮아." 라고 말해주자. 그 어딘가 경계를 걸어가는 아이에게 충분히 잘하고 있다고 말해주자. 뚜벅뚜벅 걸어가는 아이 옆에서 조용히 걸음을 맞추는 엄마가 되어보자.

장애등급을 받아야 된다고요?

"제출된 자료를 검토한 결과 임상심리검사상 수검태도 및 소항목별 수행정도(언어이해 92점), 비언어적 시지각 구성능력검사 수행수준, 전반적인 기능정도 등을 종합적으로 고려할 때 '장애정도 판정기준'상의 장애 정도 기준에 해당되지 않습니다. 따라서 장애정도 미 해당으로 판정합니다."

장애정도결정서를 받아들고 열어본 결과 기대와 다르게 판정이 내려졌다. 등급 판정을 받고 거기에 맞춰 아이의 앞날을 설계하기로 했으나 문 앞에서 거부당한 셈이다. 초등학교 입학 전 검사와 5학년 검사 때는 경계성이었고, 중학교 입학하면서 다시 검사를 했으나 마찬가지였다. 이번이 마지막으로 생각하고 심사를 받았는데 다시 미 해당된다고 나와 버렸다. 언제까지 아이를 경계에 두고 있어야 하는 것일까? 사회적 안전망 내지는 보호막이 필요한 아인데, 내가 해줄 수 있는 일들도 한계가 있는데……. 막연한 두려움 내지 불안감이 들 때마다 방패처럼 들고 나갈 무기를 마련해주고 싶지만 뜻대로 되지 않아 착잡하다.

유치원, 초등학교, 중고등학교 등 공동체에서 아이가 딛고 설 자리가 자꾸 좁아진다. 다시는 그 안으로 들어가지 못하게 되는 건 아닌지 걱정스럽다. 유치원 다니던 때쯤인가 아이가 내게 물었다.

"엄마 나, 장애인이야?"

놀란 내가 되물었다.

"누가 그래?"

"소현이 할머니가 그랬는데, 다은이는 장애인이라고."

"그건 소현이 할머니가 잘 몰라서 그래,"

"다은이가 조금 도움이 필요해서 특수교육대상자가 된 건데……."

"응, 그래서 소현이도 다은이 장애인 아니라고 그랬대. 다은이 엄청 똑똑하다고."

그럴 때는 어른들보다도 아이들의 시선이 더 올바르다. 편견 없이 친구를 위해 편들어 준 아이가 고맙다. 정상과 비정상을 구분 짓기로 한다면 그 경계선은 어디에다 그어야 하는 걸까? 나는 거기에서 자유로울 수 있는가?

첫째 아이가 초등학교 1학년 때 같은 반에 아주 심한 자폐아이가 있었다. 26여 년 전 일이다. 지금 생각해보니 교육환경이 참 열악했다. 담임교사가 부장교사 승진 점수를 받기 위해 특수아동을 맡던 시절이었다. 그 아이의 엄마는 날마다 아이와 함께 등교해서 보조교사 노릇을 했다. 주변 엄마들은 수군댔다.

"혜미 엄마는 참 눈치도 없어, 딴 아이들한테 방해되는 것은 생각하지도 않나봐."

"지 애 소중하면 남의 애들 손해 보는 것도 생각해줘야지."
"특수학교 보내면 아이도 좋고 엄마도 편할 텐데 굳이 일반학교에 온 건 뭐야?"
"나 같으면 저렇게 못해. 아무튼 대단한 엄마야."
직접 말하지는 않았어도 내 안에도 그런 말들이 숨어 있었다. 내 일이 아니니 무심히 넘기고 알량한 동정심으로 그 아이와 엄마를 염려하는 척했을 뿐이다.

2024년 10월, 인천의 한 초등 특수학급교사가 8명의 학생을 홀로 감당하다 세상을 떠났다는 기사를 접했다. 내가 죄인인 양 뜨끔했다. 과밀 학급을 맡으며 학부모 민원에 시달리기도 했다는 동료교사의 증언도 있었다. 내 아이가 특수교육대상자로 있기에 특수교육이나 더 나아가 장애인에 대한 뉴스나 관련 기사 등에 눈길이 간다. 전에는 겪어보지 않았고 느껴보지 않았던 일들이 내 문제이자 내 아이의 문제로 연결된다.
"생각은 누구나 할 수 있지만, 행동은 그렇지 않더라고요. 실천은 많은 양의 에너지와 용기를 필요로 하니까요. 사람들은 '생각'만 하고선 혹은 '말만' 뱉어놓고선 그것을 '실천'한 것인 양 스스로 과대평가하기도 해요. 그거랑 그거는 진짜 다른 건데……. '생각'과 '실천'은 함께 움직일 때 가장 큰 힘을 발휘해요. 정말 쉬운 게 아니에요."
특수교사 사망의 진상규명과 순직 인정 촉구 집회에 참석한 이가 올린 글이다. 반짝 관심으로 이어지다 어느새 사람들 뇌리에서 사라지고 마는 것 같아 안타깝다. 사람들은 쉽게 말한다.

"장애등급을 받아야 아이가 혜택도 여러 가지 받을 수 있어."
"장애등급을 받아야 된다고요?"
 사람을 등급으로 구분해야 하는 상황에 반감부터 생긴다. 장애등급제는 장애인들의 권익을 보호하고 일상생활을 더욱 편리하게 만들어준 제도다. '혜택'을 받기 위해 장애등록을 하는 슬픔을 고민해봤을까?

 앞으로 내 아이가 살아갈 날들을 생각해보면 혼자서 헤쳐 나가기에 세상은 너무 복잡하고 이기적이다. 순수한 상태로 거짓 없이 받아들이는 아이가 감당하긴 힘들다. 우리가 해놓을 수 있는 최소한의 안전망이라도 쳐주고 싶다. 그래서 여러 번 심사를 신청했지만 번번이 아니라고 판정한다. 이를 기뻐해야 하나? 슬퍼해야 하나? 양가감정으로 흔들린다. 다시 한 번 이의신청을 하고 안 되면 행정심판청구까지 해봐야 하는지 고민이다. 몇 가지 진단도구와 서류만으로 아이의 장애여부를 심사한다는 건 아이러니이다.

 오늘도 아이는 가방을 메고 학교엘 간다. 도움교실과 통합학급을 오가며 어디에 기준을 맞춰야할지 혼란을 겪고 있다. 그것이 정체성의 혼란을 가져오지나 않는지 늘 염려된다. 아이의 힘든 상황과 그것을 지켜볼 수밖에 없는 나는 오늘도 흔들린다. 장애등급을 받아야 해. 아니야, 이대로 어렵지만 스스로 걸어가게 지켜봐야 하는 거야. 차라리 눈에 확 띄게 나쁘든지 아니면 멀쩡하든지 둘 중에 하나여야지. 여기서는 정상이 아니라고 하고 저기서는 여기로 넘어오지 말라고 하고. 그럼 우리 아이는 어디에 서 있어야 한단 말인가? 이런 혼란이 아이를 더 불안정하고 불안하게 만드는 요인이다. 끝이 보이지 않는 지루한 싸움이다. 그래도 언젠가는 끝나는 날이 오고야 말겠지. 그날을 위해 우리는 오늘도 위태위태 걷는다. 경계를 걷는다. 뒤뚱뒤뚱 경계를 걷는다. 한 발 한 발 앞으로 간다. 어느 날은 뒤로 가기도 하지만 차분차분 경계를 걷는다. 넘어져도 일어나 다시 걷는다. 경계를 걷는다.

문을 열고 나가볼까

지리산 연곡사의 밤이 깊어간다. 따뜻하게 데워진 방바닥에 요를 깔고 누웠다. 노곤하게 몸이 풀어지며 피로가 몰려온다. '청산'이란 이름표를 단 방은 이름과는 다르게 푸른빛이 하나도 없다. 하얀 벽, 회색빛 이불, 원목의 작은 탁자 그 위에 놓인 황토색 법문 책과 스텐리스 전기포트가 전부다. 밖으로 나갈 수 있는 출입문은 한지를 바른 여닫이문이다. 둥그런 쇠문고리를 겹쳐 숟가락으로 채웠다. 가운데 방이라 창문도 없고 양쪽은 벽이다. 옆 방 '노고단'과 '백운'에 친구 둘이 각자 들어가 누웠다. 그들은 무얼 하고 있을까? 낮에 먹었던 참게매운탕 맛을 그리워할까? 연곡사 올라오는 길 우연히 들린 카페 '라'에서 만난 시인을 떠올리고 있을까? 비가 조금씩 조금씩 봄을 데리고 내린다. 또도독 똑똑 지붕을 두드린다. 조금 더 멀리서 산개구리도 봄이 오고 있으니 깨어나라고 꾸아악 꾸악 꾸아악 꾸악 소리를 높인다. 나는 친구들에게 건너가 보려다 말았다. 2박 3일 지리산 피아골 연곡사의 템플스테이 첫 밤이 저문다.

아침 일곱 시 절밥을 먹었다. 졸린 눈으로 나왔어도 밥이 잘 들어

갔다. 이 세상에서 제일 맛있는 밥은 남이 차려준 밥이라더니 남김없이 싹싹 비웠다. 설거지까지 말끔하게 마치고 나니 개운하다. 덩치 좋은 스님이 목소리마저 기름지게 선방으로 사람들을 불러 모은다. 차담을 위해 하나 둘 모여든 사람들이 인사를 나눈다. 스님으로부터 듣는 연곡사 이야기가 흥미롭다. 임진왜란, 항일의병, 한국전쟁으로 죽어간 백성들의 피가 흘러 넘쳤다는 피아골의 역사가 아프게 들린다. 탁자에 둘러앉아 스님을 바라보며 하는 이야기가 다른 듯하면서도 또 같다. 사람 사는 모양은 제각각이어도 풀어놓으면 다 엇비슷하다. 이야기를 따라 주지스님이 따라주는 차가 몇 순배 돈다. 차향과 함께 이야기도 깊어진다. 처음 만나는 사람들이기에 이야기하기가 더 쉬운 걸까? 다시 볼 일 없으니 이야기해도 되겠지 하는 안도감 같은 건가? 나는 집에 두고 온 딸 생각을 내려놓지 못하고 있다. 여태 아이와 2박 이상 떨어져 있어본 기억이 없다. 학교에서 떠난 수학여행이나 수련회 말고는 따로 지낸 적이 없었다. 지금까지 전화도 안하는 걸 보면 잘 있겠지 하며 애써 안심을 해본다. 이내 차담을 마치고 나와 더 이상 참지 못하고 전화를 걸었다.

"따알~ 별일 없지?"

"응, 엄마 왜?"

"다은이 혼자서 잘 있나 걱정되니까 전화했지."

"언제 와?"

"내일 오후에 갈 거야, 그때까지 잘 지내고 있어."

"응."

뚝 전화가 한 번에 끊긴다. 내심 걱정하며 보낸 시간이 아깝다는 생각이 든다. 아이는 나만큼 심각하지 않은데 괜한 걱정으로 나를 들볶고 있었구나 싶다. 피안의 세계로 와서도 속세의 짐을 내려놓지 못하고 있었다. 문 안에서 서성이던 나를 문 밖으로 내보내도 될 시간이 되었음을 알려준다. 문을 열고 나와야 하는 사람은 딸이 아닌 바로 나였다. 절 마당으로 나오니 비온 후 맑게 갠 하늘에 햇살이 퍼진다. 벚꽃나무 가지에는 빗방울이 구슬처럼 매달려 있다. 산중턱 비구름이 물러나고 있다.

3월의 시작을 43년이 넘는 시간을 함께 넘어온 두 친구와 했다. 우리는 여태껏 말해오지 못했던 서로에 대한 진심을 토로하며 차례대로 울음보가 터졌다. 지나간 시간을 울며 이야기하다가 또 그런 우리가 우스워져 웃다가 쓰러졌다. 나이 들어간다는 게 이런 건가 싶다. 서로에게 솔직해진다는 것, 마음의 문을 열기까지 40년이 넘는 시간이 필요했다. 스님이 오랜 시간을 같이 해온 친구들이라서 그런지 똑 닮았다 했다. 아담한 체격에 관리하기 편한 단발 펌 머리 모양, 중년의 뱃살, 거기에 템플 복까지 똑같이 입고 보니 더 그렇다. 소녀감성이 흘러넘치는 영심과 따라갈 수 없는 다부진 행동력과 실천력의 살림꾼 혜진이 있어 내 삶이 더 풍요로워진다. 연곡사에서의 이틀 밤이 굳게 닫혔던 우리들 마음의 문을 열게 했다. 집에 돌아오니 딸은 아무 일 없이 잘 지내고 있다. 세상이 만들어 놓은 규격에 꼭 들어맞지 않더라도 고통이란 고통을 다 겪더라도 열여덟의 푸릇한 청춘 시절을 보내게 되겠지. 자신의 고유함을 포기하지 말기를!

떠나야 했다. 전보다 더 멀리 떠나야 했다. 한 곳에 오래 머물러 있으면 모든 게 벽이 되어 좁혀오는 듯했다. 태어난 곳을 떠났고 자란 곳을 떠났고 무언가 이루려 했던 곳을 떠나야 했다. 넌 사실은 괜찮은 사람이란다, 라고 말해주는 사람이 있었다면 떠나지 않았을까? 내 인생이 달라졌을까? 지금도 나는 떠나고 싶은 욕망 속에서 허우적댄다. 몇 번씩이나 아이의 다름을 받아들였다. 받아들였다고 생각해도 어째서 이런 쉬운 것조차 못하는 거야, 하고 화를 내고 싶은 충동이 수시로 끓어올랐다. 그럴 때마다 떠나기 위해 짐을 쌌다가 풀기를 반복했다. 그럼에도 우리는 내일도 오늘처럼 함께 살아가리라 다짐해본다.

스무 살이 될 너에게

너의 스무 살을 위하여
나는 한 송이 백합꽃을 피우리라
네가 처음 사랑을 시작한 날
나는 너를 위하여 목 놓아 울으리라

너의 스무 살을 위하여
나는 저 바람 끝가지 걸어가리라
이 세상 그 어떤 슬픔도
너의 눈동자만은 흐리게 할 수 없으리

너의 스무 살을 위하여
나는 이 세상 모든 절망을 사랑하리라
네가 처음 이별을 경험하는 날
나는 너를 위하여 기도하리라

너의 스무 살을 위하여

나는 다시 스무 살이 되리라
네가 이 세상 모든 절망을 건널 때
나는 너의 작은 손을 잡으리라

정호승, 「스무 살을 위하여」

네가 스무 살이 되면 꼭 전해주어야지 했던 시란다. 멀게만 느껴지던 그 날이 드디어 오고야 말았네. 너를 처음 만난 날, 그 날을 생생히 기억해. 작다고 하기에도 어려운 너무나도 가냘픈 몸, 얼굴을 다 덮어버린 커다란 호흡기, 배꼽도 떼지 못한 채 온갖 기계장치줄에 매달려 떨고 있는 생명이 온몸으로 들썩이던 숨. 살아 있음이 기적인 아기가 투명한 사각의 집에 들어 있었어. 손을 뻗어 만질 수도 없었고, 가쁘게 몰아쉬는 숨을 안정시킬 아무런 도움도 줄 수 없어 망연히 바라보기만 했었지. 그때의 무기력함, 좌절감, 죄책감을 어떻게 다 표현할 수 있을까? 내가 살겠다고 너를 세상 밖으로 끄집어내놓고는 나는 아무것도 할 수가 없었어. 몸이 회복되지 않는다고 일주일 넘게 너를 외면하기까지 했었거든. 그래도 너는 보란 듯이 꿋꿋하게 몸에 달린 기계장치를 하나씩 줄여나갔어. 호흡기 떼기까지 두 달이나 걸렸고 안아보기까지는 네 달이라는 시간이 지나야 했지. 처음으로 너를 안았을 때, 엄마에게 전해지던 너의 따스한 온기를 잊을 수가 없어. 그 후로도 산소줄 떼는 훈련, 걸음마를 위한 재활, 언어치료, 수시로 해야 하는 망막증 검사와 사시교정용 안경착용 등 헤아릴 수 없는 힘든 날들이 이어져야만 했지. 한 단계씩 끝마치고 성장하는 너를 보면서 기적이라는 말을 하지 않을 수가 없었어. 5학년 여름, 서울대학교 어린이병원에서 그만 와도 된다고, 사는 곳에서 진료 받으라고 판정 받았을 때는 우리 가족 모두 정말 기뻐했어. 기쁨이 가시기도 전에 이어지는 발달검사에서 ADHD 판정과 경계선 판성까지 받았지. 모는 일들이 한 순간에 일어난 일처럼 휘리릭 지나가버렸네.

이 편지는 네가 스무 살이 되는 날을 축하하기 위해 쓰는 글이야. 너무나 특별하고 소중한 날에 엄마는 마음 깊은 곳에서부터 너에게 축하를 건네고 싶어. 유치원을 다니고, 초등학교 가방을 메고, 중학교 교복을 입고, 혹독한 사춘기를 지나 이제 어엿한 어른의 문턱에 들어선 나의 딸. 스무 살이라는 말 속에는 설렘도 있고 두려움도 있을 거야. 하고 싶은 일도 많겠지만 어디서부터 시작해야 할지 막막할 수도 있어. 그렇지만 꼭 뭔가를 이뤄야만 어른이 되는 건 아니니까 조급해하지 말고 너만의 속도로 걸어가렴. 실패해도 돌아가도 길을 잃어도 그 모든 게 네 인생의 일부가 될 거야. 늘 네게 말하고 싶었지만 하지 못했던 말 중에 너는 너라는 이유만으로 충분히 빛난다는 걸, 세상이 너를 향해 어떤 잣대를 들이밀든 잘 보이려 애쓰지 않아도 된다는 걸, 누군가처럼 되지 않아도 된다는 걸, 너는 너답게 살아도 된다는 걸 꼭 이야기해주고 싶어. 때로는 걱정이 많고 예민한 성격으로 인해 세상으로부터 상처를 입고 마음을 다쳐 회복하기 힘들어지면 어쩌나 걱정스럽고 안쓰러운 마음으로 너를 바라볼 때도 많았지. 하지만 그 섬세함이 너를 더욱 깊고 아름다운 사람으로 만들어 줄 거라고 믿고 있어. 세상에서 가장 귀한 너니까. 가느다란 생명줄을 잡고서 살아낸 용기 있는 아이니까. 너의 힘을 믿어도 되는 거야. 너는 그럴만한 충분한 자격이 있는 사람이니까.

앞으로 사랑도 해보고 실망도 하고 꿈을 품기도 하고 좌절하기도 하겠지. 그 모든 순간을 겪으며 너는 더 단단해지고 더 넓어지고 더 깊어질 거야. 지금껏 그래왔던 것처럼 말이야. 그 모든 순간에 너와 함께여서 엄마도 더 엄마다워졌어. 앞으로도 엄마는 너의 가장 가까운 곳에 서 있을 거야. 그리고 조용히 네가 걸어가는 길을 바라볼 거야. 너의 오늘과 내일, 그 너머 모든 날을 응원하고 축복할게.

처음엔 어디서부터 이야기를 꺼내야 할까? 수많은 기억 앞에서 뜨거워진 마음을 어쩌지를 못하겠더라고. 예정된 시간보다 훨씬 이른 순간 세상에 나온 너를 보며 참 용감한 아이라는 걸 짐작했지. 살아내는 일이 쉽지 않았던 그 순간을 이겨내고 여기까지 온 건 정말 자랑스러운 일이야. 기적이었고 은총이었어. 너의 세례명이 '마리 스텔라'이듯 인생이라는 항로에서 바다의 별처럼 너 자신을 지켜가길 바래. 이제 너는 '어른'이라는 이름으로 새로운 길을 시작하겠지. 세상이 너를 무겁게 짓누르기도 하고 막막하게 막아서는 것처럼 여겨질 때면 작은 몸으로 큰 세상을 견뎌낸 너의 용기를 생각하렴. 너 자신을 잃지 않고 살아간다면 세상의 기준이 아니라 너의 마음이 옳다고 느끼는 방향으로 나아갈 수 있을 거야. 그러다 지치거나 무서울 때면 망설이지 말고 엄마에게 와. 엄마는 언제나 너의 편에 서줄 테니까. 스무 살 가장 꽃다울 나이, 앞으로의 날들은 너에게 가장 찬란한 시간을 맞게 해줄 거야. 그렇게 되길 나의 온 마음과 정성을 가득 모아 기도할게. 아름다운 시절 빛나는 청춘의 봄을 마음껏 누리렴. 이 세상에서 가장 멋지고 용감한 나의 딸 다은아! 너와 함께였기에 엄마의 오늘도 있을 수 있었던 걸 기억해줘.

언제까지나 너를 사랑해.

저는 다은이입니다

안녕하세요? 저는 이 글을 쓰신 김영숙님의 딸 김다은입니다. 이 글을 읽어주신 독자분들 정말 감사합니다. 이 책은 모두의 도움이 없었다면 펴내기가 정말 힘들었을 거예요. 그래도 모두가 저희를 알게 되어서 정말 기쁘네요.

글을 쓴다는 행위는 정말 영광스럽고 기쁜, 인간이 하는 행위 중 세 번째에 드는 일이 아닐까요? 네? 무슨 소리냐구요? 그 일의 첫 번째는 숨쉬기, 두 번째는 도구쓰기에 이어서 세 번째라는 말이에요. 일단 이 이야기에 안 나온 것 중 대표적인 걸 들려주고 싶다가 너무 뜬금없어 보여서 쓰지 않으려고 했거든요. 그런데 엄마가 조금만 더 써보면 좋겠다고 자꾸 조르는 통에 몇 가지를 써볼게요.

제가 기억하는 아기 때의 제 모습은 아가방 전용 울타리와 포대기를 아주 좋아했다는 거예요. 부모님이 말씀하시길 치아 발달에 안 좋다고 쪽쪽이를 못 빨게 하면 어느 틈엔가 찾아서 빨기도 했대요. 또 유치원 때는 자주 실례를 했는데 이는 초등학교 저학년까지 이어졌다는 건 비밀로 하려던 일이에요. 그나마 병설유치원 소속이라 충격이 덜 했다는 것뿐이죠. 초등학교, 중학년 이후에는 기초과목이 늘어나 공부하기가 어려워졌고 덕분에 저는 고학년이 될수록 잠이 늘어날 수밖에 없었어요. 중학교에 가서는 선생님들 모르게 자는 횟수도 많아졌어요. 그러다보니 고등학교에 입학하고는 살이 어마어마하게 쪄서 48kg이 넘어가기도 했어요. 지금은 아마 50kg도 넘을 것 같네요.

이 글은 저희 엄마가 봄부터 계획하고 고심한 최종 작문일 거예요. 그만큼 공을 들여 적으셨답니다. 저는 엄마가 그렇게까지 컴퓨터에 오래 집중하는 모습을 처음 봤어요. 밤늦게까지 타자를 쳐 작업하는 게 낯설어 보였거든요. 글 쓸 때마다 제가 너무 방해만 했어요. 편지 써달라는 것도 자꾸 미뤘고요. 그나마 이렇게 쓰니 좋네요. 적어도 이 글을 실을 수 있을 테니깐……. 얼마 안 남은 것 같지만 좀 더 채울게요.

지금 저는 여름방학을 했기 때문에 엄청 게으르게 지낼 거예요. 백수처럼 늦게 일어나서 아점을 하고 엄마가 일하러 나가신 동안에는 마음껏 유튜브도 보고 저만의 레시피로 맛있는 걸 해먹고 바리스타처럼 커피도 끓여보고 만화도 그리고 책도 이것저것 손에 잡히는 대로 읽을 거예요. 엄마가 추천한 책은 조금 읽다 말고 제가 읽고 싶은 책을 읽는 자유를 만끽하는 거죠. 이 자유시간은 엄마가 돌아오시는 순간 끝이 나버린다는 게 함정이긴 하지만요. 그럼 저는 가기 싫은 미술학원에 끌려가고 이래라 저래라 잔소리를 들어야 하고 지쳐서 돌아오게 되죠. 뭔가 해야 하긴 하는데 하기는 싫고, 이래가지고 미래를 꿈꿀 수나 있을지 모르겠네요. 그럼 이만 더 이상 쓰는 건 무리일 것 같네요. 조잡한 이 글을 읽어주셔서 다시 한 번 감사드립니다.

닫는 글
함께 걸어가는 길

어떤 글이든지 글을 읽으면 그 사람의 일생이 보인다고 합니다. 인생을 톺아가며 내 이야기를 써내려가다 보니 때로는 슬픔이 몰려오기도 하고, 그리운 사람들을 만나보는 떨리는 순간을 맞기도 했습니다. 가슴 깊은 곳에서부터 뜨거움이 올라와 몸살이 났고 끝나갈 무렵에는 심리적 압박으로 며칠씩 쓰지를 못할 때도 있었습니다. 더 늦기 전에 돌아볼 기회가 주어졌다는 게 얼마나 다행인지 모르겠습니다. 아프고 쓰린 경험들을 떠올리며 지난 시간 스스로를 불행의 구렁텅이에 몰아넣고 있었다는 걸 알았습니다. 불행을 안고 이고지고 왔다고 여겼습니다. 부모님, 동생들, 친구들, 모두가 소중한 사람이었다는 걸 모르고 있었습니다. 애써 외면하려고만 했습니다. 바로 보기가 두려웠을 수도, 드러내놓고 말할 용기가 없었는지도 모르겠습니다.

이제는 지금껏 살아오면서 녹녹하지 않은 삶속에서도 나를 견뎌준 가족이 있었다는 것을 생각합니다. 무엇보다 나의 사랑하는 아들과 딸, 그리고 남편에게 사랑을 전하는 걸 게을리 했구나, 깨달았습니다. 그러나 희망을 꿈꾸며 남은 날들을 살아가보려 합니다. 예순 살 내 인생을 돌아보며 기쁜 날, 화난 날, 슬픈 날, 즐거운 날의 강을 건너와 조금은 쉬어가도 괜찮다는 생각을 해봅니다. 그러나 내 곁에는 어디로 튈지 모르는 딸이 제 길을 잘 찾아가도록 그 길을 잘 걸어가도록 해야 하는 일이 남아 있습니다. 우리는 안 될 게 뻔하다는 말부터 멈추고 한 발짝씩 내디뎌볼 겁니다. 그리고 그 길을 함께 걸어갈 겁니다. 아무리 착하게 살아도 불행은 찾아온다고 합니다. 꿈꾸는 완벽한 때는 결코 오지 않는다고도 합니다. 그래도 우리는 압니다. 인생은 서툴고 후회될 일투성이라는 걸, 하나의 문이 닫히면 또 다른 문이 열린다는 걸 압니다. 원하는 삶을 살아가는 것의 진짜 의미는 어떤 건지도 인생을 다시 살 수 없다는 것도 깨닫게 됩니다. 그래서 우리는 희망을 이야기합니다. 어제보다 오늘은 더 나을 걸 믿기에.

감사의 글
사랑합니다, 고맙습니다

이 세상 최고로 벅찬 이름 '엄마'라는 이름을 선물해준 나의 아들 상준과 딸 다은이, 참 멋지고 예쁜 너희들의 엄마로 살아갈 수 있는 행복을 선물해줘서 고마워. 엄마가 더 멋진 사람으로 거듭날 수 있도록 성찰과 배움의 시간을 허락해줘서 정말 정말 고맙고 사랑해. 아내의 자유시간을 흔쾌히 허락해주고 글 쓰는 시간을 넓은 마음으로 이해해주며 가사를 함께해준 나의 동반자 김복수씨 진심으로 고맙고 사랑합니다.

삶의 기로에서 흔들리고 주저앉으려 할 때마다 강인한 용기를 삶으로 보여주신 나의 엄마, 계실 때 제대로 표현하지 못해 죄송합니다. 제가 쓴 책의 일부는 엄마의 것이기도 합니다. 나의 엄마여서 감사했고 과분한 사랑을 받아 여기까지 올 수 있었습니다. 부르고 불러도 그리운 아버지 제대로 보내드리지 못하고 붙들고 있어서 죄송합니다. 이제야 편안히 보내드리게 됨을 용서하십시오. 아버지를 □한 감성을 잃지 않고 살 수 있었습니다. 멀리 떨어져 있어 □지만 늘 지지와 응원을 보내주는 나의 사랑하는 두 동생 경숙과 연식에게도 무한한 사랑을 전하며 빼놓으면 서운해 할 올케 진희에게도 고마움을 전합니다. 오랜 세월 내 곁을 지켜준 나의 벗 영심과 혜진에게도 사랑과 고마움을 전합니다.

특히 부족한 글임에도 격려와 지지로 이끌어주신 김탁환 작가님 감사합니다. 작가님이 계셨기에 용기내어 도전할 수 있었습니다. 책 쓰기를 같이 한 선생님들 한 분 한 분 감사합니다. 함께였기에 가능한 시간들이었습니다. 감사합니다. 용기를 내지 못하고 망설이던 나에게 글쓰기 교실에 같이 가자고 꼬드겨 준 정은희 선생님 고맙습니다. 덕분에 여기까지 왔습니다. 이 자리를 마련해 준 미래교육재단에도 감사인사 드립니다. 이름을 다 언급할 수는 없지만 격려와 응원을 아끼지 않았던 모든 분들께 감사를 전합니다. 모두의 덕분입니다. 늘 배우는 자세로 감사하는 마음으로 사랑하는 마음으로 오늘을 그리고 내일을 살아가겠습니다.

감사합니다.

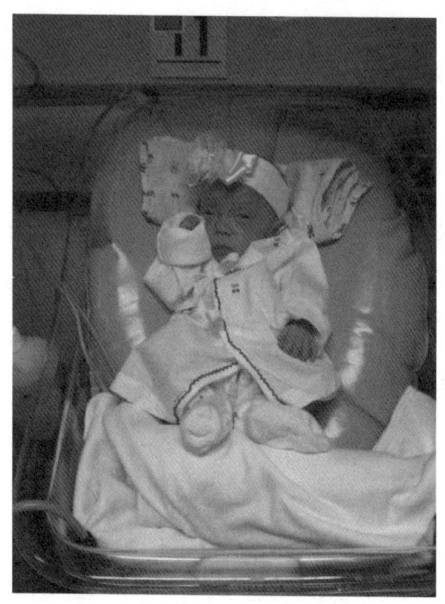

딸 백일사진(기계장치에서 해방되어 2kg으로 자랐다. 2008년)

병원에서 외힐머니, 오빠와 함께 백일잔치를 하고 의료진에게 떡과 과일을 나누었다.

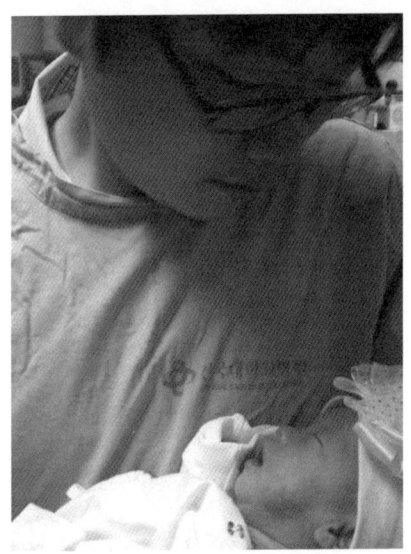

16년 차이 남매의 첫 만남(2008년)

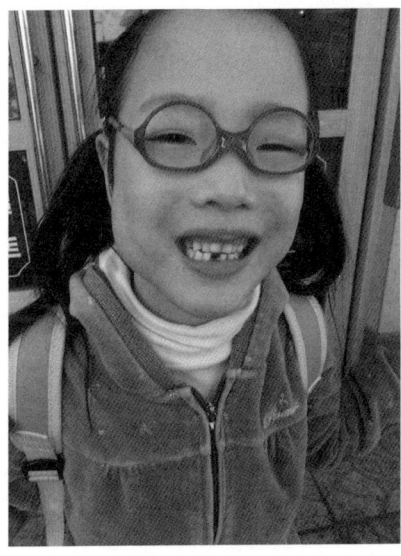

유치 빠진 날(2013년)

스케이팅을 배워요(2014년)

학교 가는 날 아침(2015년)

첫 영성체하는 날(2017년)

중학교 졸업식(2024년)

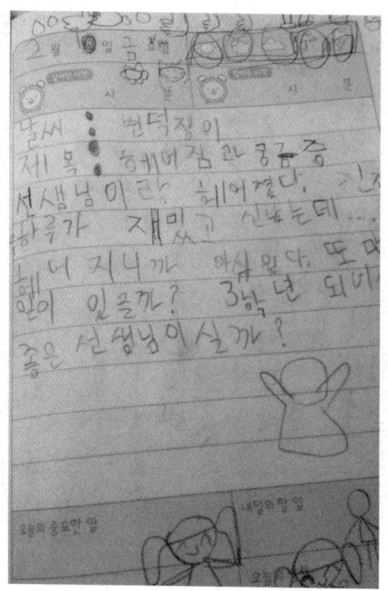

딸의 초등2학년 일기장(2016년)

딸이 쓴 어버이날 감사편지(2019년)

엄마와 함께 한 초등학교 졸업식(1979년)

동생들과 수리산에서(1983년)

아들, 남편과 서울 어린이대공원에서(1993년)

남편과 아들(2014년)

가족사진(2021년)

문을 열고 나가볼까

1판 1쇄 찍은 날 2025년 11월 24일
1판 1쇄 펴낸 날 2025년 11월 28일

지은이 김영숙
펴낸이 김완준
펴낸곳 모악

출판등록 2016년 1월 21일 제2016-000004호
이메일 moakbooks@daum.net

ISBN 979-11-88071-80-7 03810

값 15,000원

* 이 책의 내용을 재사용하려면 지은이와 모악의 서면 동의를 받아야 합니다.
* 이 책은 곡성군미래교육재단에서 추진한 책쓰기 과정으로
  김탁환 작가님이 지도한 수료생들의 창작물입니다.